K.-J. Helmes

Das Bosskonzept - Lebe deinen EigenSinn!

„Die reinste Form des Wahnsinns ist, alles beim Alten zu belassen und zu erwarten, dass sich etwas ändert." (Albert Einstein)

K.-J. Helmes

DAS BOSSKONZEPT

Lebe deinen EigenSinn!

Bibliografische Information der Deustchen Nationalbibliothek

Die Deutsche Nationalbibliothek verzeichnet diese Publikation in der Deutschen Nationalbibliografie, detaillierte bibliografische Daten sind im Internet über https://dnb.d-nb.de abrufbar.

ISBN 978-3-947860-00-5

Lektorat: Kathrin Müller-Hartz, Junge Haie GmbH | www.jungehaie.com
Covergestaltung: Dirk Reich, Junge Haie GmbH | www.jungehaie.com
Illustration: Michael Holtschulte | www.holtschulte-illustration.de
Autorenfotos: Ulf Duda | www.foto-duda.de, Sabrina Didschuneit | www.mittendrin-fotografie.de
Satz und Layout: Dirk Reich, Junge Haie GmbH | www.jungehaie.com
Druck und Bindung: WIRmachenDRUCK GmbH, Mühlbachstr. 7, 71522 Backnang, Deutschland

1. Auflage 2018
© 2018 Helmes Verlag, Ofener-Str. 22, 26121 Oldenburg
Alle Rechte vorbehalten, Vervielfältigung, auch auszugsweise, nur mit schriftlicher Genehmigung des Verlags.

In diesem Buch werden eingetragene Warenzeichen, Handelsnamen und Gebrauchsnamen verwendet. Auch wenn diese nicht speziell als solche ausgezeichnet sind, gelten die entsprechenden Schutzbestimmungen.

www.helmesundhelmes.com

INHALT

Vorwort	**13**
Das Boss-Meeting	**21**

TEIL 1
DAS BOSS-KONZEPT

Der Boss kennt sich	**27**
Fragen zur Selbstreflexion	29
Selbstanalyse: Wer bist du?	34
Der Boss und der Tod	**37**
Die Grabrede	39
Der Boss stellt sich seiner Vergangenheit	**43**
Deine Lebenskurve	44
Der Boss holt sich seine vergebene Macht zurück	**47**
Sprich mit deiner Vergangenheit	48
Schaff Platz fürs Potenzial	51
Der Boss identifiziert und eliminiert Erfolgskiller	**51**
Dein Umfeld: Bossmacher oder Bossverhinderer?	55
Deine Zeitbilanz	57

Der Boss denkt an die Lösung	**59**
Dein Perspektivwechsel	63
Klarheit - Der Boss weiß: WHY, HOW, WHAT	**65**
Finde dein WHY	67
Finde dein HOW	68
Finde dein WHAT	69
Bonus-Track: Prioritäten setzen - Was willst du eigentlich?	**71**
Wenn du dem Leben nicht sagst, was du willst, wirst du es nicht bekommen	73
Wenn du dem Leben das sagst, was du nicht willst, wirst du genau das bekommen	74
Wenn du andere für dich wollen lässt, wirst du bekommen, was sie wollen	75
Das Leben kann nur kraftvolle Entscheidungen registrieren	76
Wenn wir uns zu oft umentscheiden, ist das Leben verwirrt	77
Eine klare Entscheidung, die du ohne Einmischung anderer triffst, bringt ein fantastisches Ergebnis	77
Der Boss programmiert sich neu	**81**
Vom Glaubenssatz zum Powersatz	84
Der Boss ist unabhängig von der Bewunderung anderer	87
Der Boss ist fantastisch frei	**87**
Laudatio auf dein Lebenswerk	90
Der Boss steht für sich ein	91
Der Boss braucht keine Maske	**93**
Bosse stärken mit Worten	**101**

Der Boss meistert Prüfungen	**107**
Der Boss hat Erfolgsroutinen	**111**
Boss ärgere dich nicht	**115**
Der Boss nutzt positive Kausalketten	**121**
Die positive Kausalkette	123
Die negative Kausalkette	123

TEIL 2

DIE BOSS-REGELN

Bosse haben ihre eigenen Regeln	**127**
BOSS-REGEL 1: Sei freundlich – auch zu deinen Feinden	130
BOSS-REGEL 1: Invest in YOUrself	131
BOSS-REGEL 1: Raus aus der Komfortzone	132
BOSS-REGEL 1: DU bist dein bester Berater	132
BOSS-REGEL 1: Fokus auf deine Ziele	132
BOSS-REGEL 1: Sei dankbar	133
BOSS-REGEL 1: Eat what you need	133
BOSS-REGEL 1: Date mit dir	133
BOSS-REGEL 1: Hilf anderen dabei, erfolgreich zu werden	134
Bonus-Track: Werde zum Inspirator	**135**
Wer bin ich und was ist mein EigenSinn?	**137**
Mein EigenSinn	140

TEIL 3

DER ROTE FADEN DES ERFOLGS

7 entscheidende Schritte	143
Am Anfang steht die Haltung	145
1 # Glaube! An dich und deine Idee, an das Gute, an Gott.	147
2 # Do it! – Nur Beginner werden Gewinner	150
3 # Authentizität – finde heraus, wer du bist, was du kannst und was du willst!	154
4 # Lösungsorientiertes Handeln	157
5 # Erfolg ist eine Achterbahn	159
6 # Dankbarkeit und Wertschätzung	163
7 # Gib niemals auf!	166
Geschichte von Peter Pohlmann	169

TEIL 4

MEIN BOSS-CLAN

Mein Boss-Clan ist einzigartig!	**173**
Hannes Holzmann	175
Peter Pohlmann	176
Wolfgang Grupp	177
Sabrina Didschuneit	178
Moses Pelham	179
Thomas Rogel	180
Andreas Friesch	181
Dr. Karl Pall	182

Michael Holtschulte	183
Hennes Bender	184
Andreas Ernst	185
Christoph Metzelder	186
Prof. Dr. Ralf Strauß	187
Dr. Thomas Vollmoeller	188
Benny Adrion	189
Bodo Janssen	190
Fabio Haebel	191
Ilka Groenewold	192
Oliver Uschmann	193
Stefan Tilk	194
Andreas Kluge	195
Laia Gonzalez	196
Eva Kündig	197
Stefan Stuckmann	198

UnmöglICH oder möglICH - du machst den Unterschied	199
Danksagung	203
Über die Autorin	209

VORWORT

DEFINITION BOSS

- a person who employs or superintends workers; manager.
- a politician who controls the party organization, as in a particulardistrict.
- a person who makes decisions, exercises authority, dominates, etc.

(www.dictionary.com)

MEINE DEFINITION VON BOSS IM KONTEXT DES BOSSKONZEPTES

Ein Boss ist eine Person, die sich über die Eigenverantwortung für das eigene Leben bewusst ist und diese mit Freude übernimmt. Ein Boss ist jemand, der seine Vision in die Realität bringt, egal ob andere für oder gegen ihn sind.

Ein Boss schafft es durch Herzblut und Passion an die Spitze, nicht durch Intrigen und das böswillige Ausstechen anderer. Ein Boss ist eine Person, die sich auf Stärken fokussiert, bei sich und bei anderen.

DEFINITION VON ERFOLG

Der Begriff Erfolg bezeichnet das Erreichen gesetzter Ziele. Das gilt sowohl für einzelne Menschen als auch für Organisationen. Bei Zielen kann es sich um eher sachliche bzw. materielle Ziele, wie zum Beispiel Einkommen, oder um emotionale bzw. immaterielle Ziele, wie zum Beispiel Anerkennung, handeln.
(Wikipedia)

MEINE DEFINITION VON ERFOLG

Erfolg kommt von er-folgen. Es ist eine automatische Reaktion, wenn du das Richtige zur richtigen Zeit tust, mit den richtigen Motiven. Oder anders gesagt: wenn du deinen EigenSinn mit voller Kraft lebst.

DEFINITION VON POTENZIAL

[1] Entwicklungsmöglichkeit, Gesamtheit der noch nicht ausgeschöpften Möglichkeiten, Mittel, Energie, Fähigkeit

[2] Physik: (fachsprachlich zumeist „Potential"): Fähigkeit eines Kraftfelds, eine Arbeit zu verrichten, unabhängig von den beteiligten Körpern

[3] Mechanik, Physik: potenzielle Energie eines Körpers

(Wiktionary)

MEINE DEFINITION VON POTENZIAL

Die Kraft, Ressourcen, Möglichkeiten, die notwendig sind, um seinen EigenSinn zu leben.

Ganz egal, wer du bist oder was du machst:

DU WIRST STERBEN.
NOCH LEBST DU.
MACH WAS DRAUS!

Hallo!

Ich bin K.-J. und Boss meines Lebens – Schön, dass wir uns kennenlernen!

Ich entscheide darüber, wie ich mein Leben gestalte. Ich entscheide, wer Teil meines Lebens ist. Ich entscheide, wem ich das wertvollste schenke, das ich habe: meine Zeit.

Ich mache keine Kompromisse. Ich handele immer aus voller Überzeugung und mit Passion und Herz. Ich bin ein eigenSinniges Unikat und das ist gut so.

Ich werde dich hier duzen. Ein „Sie" schafft für das, was ich dir zu erzählen habe und dir zeigen werde, eine zu große Distanz. Lass uns Tacheles reden! Kein Verstecken hinter Floskeln!

Kein Marshmallow-Gequatsche, keine Ausreden! Kennst du das?

Bist du auch manchmal gelangweilt? Strengt dich das Leben an oder überfordert es dich sogar? Passieren dir immer wieder Dinge, bei denen du dich fragst: „Warum trifft es mich?"

Sagst du oft Ja, obwohl du Nein meinst? Hast du das Gefühl, dich Strukturen zu unterwerfen, die du eigentlich ablehnst? Befolgst du Regeln, obwohl du den Sinn dieser nicht erkennst?

Kennst du das Gefühl von Chaos im Kopf? Das Gefühl, etwas ändern zu wollen, aber nicht zu wissen, wo du anfangen sollst? Gibt es Dinge in deiner Vergangenheit, die dich heute noch bremsen oder hemmen?

Kennst du das Gefühl, dich Menschen und Situationen immer wieder optimal wie ein Chamäleon anzupassen und dabei selbst zu verschwinden? Hast du das Gefühl, trotz Bonusrunden im Hamsterrad und finanzieller Sicherheit einfach nicht glücklich zu sein? Weißt du nicht, was du beruflich machen willst? Studierst du gerade etwas, das dir gar keinen Spaß macht und quälst dich jeden Tag zur Uni? Fragst du dich: „Wofür mache ich das eigentlich alles?"

Denkst du oft: „Eigentlich bin ich ganz anders, ich komm nur viel zu selten dazu?"

Ich habe das früher oft gedacht, bis ich beschloss, Boss meines Lebens zu werden und das zu tun, was ich wirklich will.

Warum ich dieses Buch geschrieben habe? Für mich gibt es nichts Schlimmeres als ungenutztes Potenzial. Diese Leere in den Augen der Menschen, während sie mir von ihrem Job, ihrer Partnerschaft, ihrer Familie, ihrem Leben erzählen, was ja eigentlich alles „ganz ok" ist. Aber eben auch nur eigentlich.
Ich weiß aus eigener Erfahrung, wie sich diese Leere anfühlt. Ich bin jahrelang von einem Hamsterrad ins nächste gestürzt. Selbst mit viel Geld macht das keinen Spaß. Geld machte es angenehmer zu fallen, aber ins nächste Hamsterrad fiel ich dennoch.

Doch ich entschloss mich auszusteigen:

Bye, Bye Hamsterrad - Hallo Leben!

So entwickelte ich, nachdem ich mein Leben vorher gründlich auf den Kopf gestellt hatte, die Vision, Menschen darin zu unterstützen, der Boss ihres Lebens zu werden. Ich ließ mich zum Coach ausbilden, von der IHK zertifizieren und begann, mein Buch zu schreiben. Das Buch, das Menschen inspiriert, ihren EigenSinn und ihr volles Potenzial zu entdecken und so der Boss des eigenen Lebens zu sein.

Mit diesem Buch will ich dir die Chance geben, es besser zu machen als ich, damals in meinem Hamsterradwahn.

Ich habe den festen Glauben, dass jeder Mensch Potenzial hat, die Kraft, etwas besonders gut zu können und so seinen Beitrag in die Welt bringt. Wenn du dein Potenzial aus seinem angenehm-bequemen Tiefschlaf weckst, wirst du staunen, wie einfach Erfolg ist.
Du hältst grade meine Vision in den Händen, die nun Realität geworden ist.

Der Weg dorthin war alles andere als leicht. Doch mit jeder Zeile, die ich schrieb, mit jeder Herausforderung, die ich meisterte, kam ich Seite für Seite näher an mein Ziel.

Anfangs wurde ich dafür belächelt, dass ich das Buch schreiben wollte und hörte häufig Argumente wie „Das versuchen viele... Motivationsbücher gibt es wie Sand am Meer... Der Markt ist mehr als gesättigt...". Doch auch das konnte mich nicht von meiner Vision abbringen.

Im Gegenteil. Dieser Gegenwind gab mir Auftrieb. Ich dachte, „Jetzt erst recht!" Ich schreibe kein 08/15-Standardwerk. Mein

Bosskonzept wird einzigartig sein.
Und es ist anders. Revolutionär anders. Was macht es anders?
Das Bosskonzept zeigt dir, wie du dein Potenzial entwickelst. Gleichzeitig kannst du es als Beweis dafür sehen, dass nichts unmöglich ist, wenn DU bereit bist, deinen EigenSinn in aller Konsequenz zu leben.

Es definiert darüber hinaus einen roten Faden für Erfolg, indem es untersucht, was eigenSinnig–erfolgreiche Menschen in ihrem Denken und Handeln miteinander verbindet.

Dafür habe ich Kontakt zu Unternehmern, Geschäftsführern, Künstlern und Prominenten aufgenommen und sie interviewt. Diese Menschen gehörten zu Beginn meines Buches nicht zu meinem Bekanntenkreis. Gerade zu Beginn des Projektes war es eine sehr große Herausforderung, Projektpartner zu gewinnen. Doch ich blieb freundlich-hartnäckig und steckte sie mehr und mehr mit meiner Begeisterung an.

Ich will dir mit diesem Buch zum einen Strategien zeigen, die dir dabei helfen, der Boss deines Lebens zu werden. Zum anderen will ich dich davon überzeugen, dass jede Vision die Chance hat, Realität zu werden. Mit dem richtigen Mindset und konsequenter Selbstführung kannst du alles erreichen. Wirklich alles. Ganz egal, wie schwierig es zunächst erscheint, ganz egal, welche Rückschläge du einstecken musst, du kannst es schaffen!

Im Rahmen meiner Coaching-Tätigkeit und bei der Arbeit am Buch wurde mir immer wieder gesagt, ich sei sehr offensiv. Dem will ich nicht widersprechen, denn es stimmt.

Dennoch war ich nicht immer so taff und offensiv wie heute. Wenn du frühere Weggefährten zu mir befragtest, würden diese vermutlich sagen, dass ich mich in den letzten 10 Jahren stark verändert habe und ich sage: Bosskonzept sei Dank! Heute bin ich nicht nur taff und offensiv, sondern auch romantischer Idealist. Ich will diese Welt besser machen. Ich glaube daran, dass wenn ich Menschen dazu inspiriere, ihr volles Potenzial zu leben, ich ein Stück dazu beitragen kann.

Ich werde dir nun zeigen, wie auch du das Bosskonzept für dich nutzen kannst und dich, wenn du magst, ein Stück auf deinem Weg zum Erfolg begleiten. Oder ist vielleicht der Weg der Erfolg?

Finden wir es heraus! Doch eines ist wichtig, bevor du startest:

Du allein trägst die Verantwortung für dein Leben. Du bestimmst über deinen Erfolg. Eines Tages... oder Tag 1 deines neuen Lebens – du entscheidest!

Bist du bereit für ein Leben, das nicht nur fantastisch, sondern eigenSinnig großartig ist?

DAS BOSS-MEETING

Ich will dir hier nicht meine komplette Lebensgeschichte erzählen, denn schließlich geht es jetzt um dich und darum, wie du zum Boss deines Lebens wirst und deinen EigenSinn entdeckst. Daher an dieser Stelle nur ein kurzes Meeting.

Wenn du mehr über mich erfahren willst, schau in die Mitte des Buches. Hier nur kurz: Ich coache Führungskräfte, Mitarbeiter und Potenzialsucher erfolgreich darin, ihr volles Potenzial zu entdecken und ihren EigenSinn zu leben.

Ich stehe ihnen als Sparringspartner bei schwierigen Entscheidungen und Fragen beratend zur Seite und inspiriere sie dazu, die beste Version ihrer selbst zu werden. Ich habe mittlerweile hunderte von EigenSinnigen auf dem Gewissen und ich hoffe, irgendwann die Millionengrenze zu knacken.

Ich erspare mir hier bewusst die detailreiche Beschreibung meiner Vergangenheit. Erstens würde dies ein weiteres Buch füllen und zweitens zählt für mich mehr, was ich durch die Lektionen meiner Vergangenheit gelernt habe. Für mich ist entscheidend, welche Stärken ich aus ihr ziehen konnte, weniger die Situation selbst, denn die ist vergangen. Ich werde dir daher die wichtigsten Lektionen meiner Vergangenheit aufzeigen. Ich persönlich betrachte meine herausfordernde Vergangenheit mit vielen Ereignissen, die mich unvorbereitet aus meiner Komfortzone katapultiert haben, als unfairen Wettbewerbsvorteil. Nur anhand der Situationen, die uns herausfordern, können wir Stärken finden und herausbilden. Wie genau mein unfairer Wettbewerbsvorteil aussieht, werde ich dir nun in 7 Lektionen, die ich für mich in meiner Vergangenheit gelernt habe, erläutern.

1 # EMOTIONALE INTELLIGENZ

Da wir sehr oft umgezogen sind, musste ich mich als Kind immer wieder auf neue Umgebungen und Menschen einstellen. Dadurch kann ich Menschen sehr gut lesen und bin stark darin, Verbindungen zu ihnen aufzubauen.

2 # RESILIENZ

Ich habe mit Anfang 20 eine heftige Depression durchlebt und wollte mir das Leben nehmen. In letzter Minute hörte ich auf meine innere Stimme, die sagte, ich solle mir Hilfe holen. Das Schicksal schickte mir dafür genau den richtigen Menschen. Ich besiegte meine Depression ohne Medikation.

3 # SELBSTVERTRAUEN

Ich habe mir ein Tattoo stechen lassen und vorher niemandem davon erzählt, weil ich wusste, dass es für mich das Richtige ist. Es war damals das erste Mal in meinem Leben, dass es mir egal war, was andere von meiner Entscheidung halten.

4 # LOSLASSEN KÖNNEN

Ich musste oft loslassen und habe immer die Erfahrung gemacht, dass es notwendig war, um NEUES kennenzulernen und daran zu wachsen.

5 # EIGENVERANTWORTUNG

Ich bin für mein Leben verantwortlich, (für) niemand(en) sonst! Das ist nicht gleichzusetzen mit Egoismus, sondern damit, dass jeder der Gestalter seines Lebens ist. Das Beste, was du deinem Umfeld antun kannst, ist glücklich zu sein und sie durch deinen Erfolg zu inspirieren, über sich hinaus zu wachsen.

6 # ZEIT IST EINE FRAGE VON PRIORITÄT

Zeit ist begrenzt und das wertvollste Geschenk, das ich einem Menschen machen oder von ihm erhalten kann. Ich kann dieses Geschenk nicht jedem machen und nicht jeder kann mir dieses Geschenk machen.

7 # INTUITION HAT IMMER RECHT

Ich habe die Erfahrung gemacht, dass wenn ich nicht auf meine Intuition gehört habe, etwas unnötig schwer oder kompliziert wurde oder negative Folgen hatte. Beziehe ich meine Intuition in meine Entscheidungen mit ein, wird es leicht, Dinge geschehen wie von selbst und ich habe Erfolg!

Das sind die 7 wichtigsten Lektionen aus mittlerweile 30 Jahren und ich freue mich auf weitere, denn das Leben ist unendlich spannend!

Auch du hast Boss-Potenzial, auch für dich hält das Leben viele Chancen bereit. Es hängt allein von dir ab, ob du die Chancen und Lektionen annimmst.

Willst du in deinen Mustern bleiben, es weiterhin jedem recht machen außer dir selbst oder willst du endlich Verantwortung für dein Leben übernehmen, dich den Herausforderungen stellen und dein volles Potenzial leben?

Es kommt auf dich an, auf dich allein. Du entscheidest!

In diesem Buch gebe ich dir mein Bosskonzept weiter, welches mir geholfen hat, erfolgreich, unabhängig und glücklich zu werden. Erfolg ist nicht das, was du siehst, sondern das, was du vorher alles geschafft hast, um dieses Ziel zu erreichen. Denk immer daran: Er-folg kommt von er-folgen. Es folgt nur etwas, wenn du etwas tust, etwas anstößt und dich bewegst.

Bevor du mit dem Bosskonzept startest, mache dir bewusst: Es ist DEIN Leben und du entscheidest darüber, wie du es gestaltest. Du bist der einzige (erwachsene) Mensch, dem du irgendeine Rechenschaft schuldig bist und für den du Verantwortung trägst. Du kannst tun, was immer du willst und du kannst lassen, was immer du willst. Du bist vollkommen frei in deiner Entscheidung, bei allem was du tust.

Es wird sich nichts bewegen, wenn du dich nicht bewegst. Bist du bereit, die Verantwortung für dich zu übernehmen? Bist du bereit für den Erfolg?

Let´s do it!

TEIL 1
DAS BOSS-KONZEPT

DER BOSS KENNT SICH

Weißt du, warum viele Menschen kein glücklich-erfülltes Leben führen? Weil sie es nicht **führen**. Sie geben die Führung ab, haben sich Strukturen unterworfen, die sie eigentlich ablehnen, nur um nach außen zu gefallen, in Sicherheit zu sein, oder es jedem recht zu machen. Sie spielen eine Rolle und somit keine Rolle mehr in ihrem Leben. Sie haben sich angepasst. Dabei haben sie den wichtigsten Menschen vergessen – sich selbst.

Ich verrate dir jetzt drei Dinge:

1. Es gibt keine Sicherheit! Das einzige, was im Leben sicher ist, ist, dass es sich verändert.
2. Wenn du dein Leben nicht führst, wirst du (vor)geführt.
3. Das Leben ist zu kurz, um etwas anderes zu tun als das, was du wirklich willst.

Viele Menschen sind sich jedoch gar nicht darüber bewusst, dass sie die Kontrolle abgegeben haben. Sie haben vergessen, dass sie nicht mehr selbst am Steuer ihres Lebens sitzen, dass sie ein Leben leben, das nicht ihrem inneren Potenzial entspricht. Stell dir vor, du sitzt in deinem Auto. Du hast auf dem Beifahrersitz Platz genommen und somit wenig Einfluss auf die Route, die das Auto nimmt.

Für manche Menschen ist diese Position auch bequemer. Auf dem Beifahrersitz des Lebens muss man sich keine Gedanken machen, wohin man fahren will, braucht sich nicht auf den Verkehr zu konzentrieren und kann sich entspannt zurücklehnen. Doch irgendwann kommt der Punkt, an dem man realisiert, dass der Beifahrersitz zwar sehr bequem ist und durchaus Annehmlichkeiten bietet, es aber nahezu unmöglich ist, bei seinem Ziel anzukommen.

Es wird Zeit! Zeit, den Platz zu wechseln! Setz dich ans Steuer deines Lebens!

Der erste Schritt dorthin ist, vollkommen ehrlich zu dir selbst zu sein und eine knallharte Bilanz des eigenen Lebens aufzustellen.

Wichtig ist: Bei einer Bilanz geht es nur um die Aufnahme der Fakten! Hier findet keine Interpretation, keine Wertung statt. Sei „einfach" ehrlich zu dir selbst!

FRAGEN ZUR SELBSTREFLEXION

Als Hilfe für deine Selbstreflexion findest du hier einige entscheidende Fragen zu den 7 Lebensbereichen, die keine Schlupflöcher zulassen.

Tipp: Solltest du eine Frage mit „eigentlich" beantworten, denke nochmal darüber nach. Eigentlich ist ein typisches Hinweiswort darauf, dass wir etwas anders meinen, als wir es sagen.

BERUFLICHE SITUATION

- Was schätzt du an deiner beruflichen Situation?
- Was nervt dich an deiner beruflichen Situation?
- In welchen Situationen im Job bist du zu 100% du selbst und in welchen Situationen hast du das Gefühl, dich anpassen zu müssen und eine Rolle zu spielen?
- Liebst du deinen Job? Würdest du deinen Job auch dann wählen, wenn du nicht dafür bezahlt würdest?
- Welchen Beruf kannst du dir noch für dich vorstellen?

WERTE

- Welche Werte sind für dich wichtig?
- Wie reagierst du, wenn jemand diese Werte nicht achtet?
- Welcher Wert ist dir persönlich am wichtigsten?
- Hast du das Gefühl, Werte zu vertreten, die dir gar nicht entsprechen?
- Welche Konsequenzen hat es für andere, wenn sie deine Werte missachten?

FAMILIE

- Mit welchen Familienmitgliedern lachst du am meisten? Wie viel Zeit verbringst du mit ihnen?
- In welchen familiären Situationen fühlst du dich wohl?
- In welchen familiären Situationen hast du das Gefühl, nicht du selbst zu sein und dich anzupassen?
- Gibt es ungeklärte Situationen, die totgeschwiegen werden und dich belasten?
- Was bedeutet für dich Familie?

FREUNDE

- Hast du Freunde, auf die du dich verlassen kannst?
- Wie muss ein Mensch sein, damit du gern mit ihm befreundet bist?
- Erfüllen deine aktuellen Freunde diese Kriterien?
- Gibt es jemanden, mit dem du nur befreundet bist, weil er/sie es gern will?
- Wer ist dein wertvollster Freund und wie viel Zeit widmest du ihm/ihr?

PARTNERSCHAFT

- Wenn du deinen Partner in einem Satz beschreiben müsstest, was würdest du sagen?
- Fühlst du dich von ihm wertgeschätzt?
- Wie sieht für dich die optimale Partnerschaft aus und lebst du diese?
- Was bedeutet Liebe für dich?
- Kannst du dir vorstellen, den Rest deines Lebens mit deinem Partner zu verbringen?

FÜR SINGLES

- Was schätzt du an deinem Single-Leben?
- Was nervt dich?
- Wie sollte dein Traumpartner sein?
- Was kannst du dazu beitragen, dass die Beziehung optimal läuft? Welche Lektionen hast du aus deiner Vergangenheit gelernt, warum es nicht gepasst hat?
- Wie stellst du dir ein optimales Leben mit deinem Traumpartner vor?

GESUNDHEIT

- Wie gesund lebst du auf einer Skala von 1-10?
- Wie oft bewegst du dich?
- Wie viel Zeit nimmst du dir zum Essen?
- Wie wichtig ist dir Qualität beim Essen?
- Welche Art von Bewegung macht dir Spaß?

VISION

- Was wolltest du als Kind werden? Feuerwehrmann? Polizist? Tierarzt? Lehrer?
- Wenn du die Welt ein kleines Stück besser machen könntest, was würdest du tun?
- Wenn Geld in deinem Leben keine Rolle spielen würde, was würdest du morgen, in einer Woche, in einem Jahr tun?
- Wofür stehst du morgens auf? Welchen Unterschied würde es machen, wenn du morgens im Bett liegen bliebest?
- Was würdest du tun, wenn du nur noch eine Woche zu leben hättest?

Wie fällt deine Bilanz aus?

Bist du überrascht?

Hast du neue Erkenntnisse gewonnen?

Wie gefällt dir dein Spiegelbild?

Du bist nun auf dem Weg, dein wahres Potenzial als Boss zu erkennen!

Der Boss weiß, dass er allein in der Verantwortung ist, etwas zu verändern.

Jetzt wirst du denken „Mensch, ich hätte nicht gedacht, dass ich hier selbst so viel arbeiten muss". Und ich sage dir: Es gibt keinen anderen Weg zum Erfolg. Du hast den ersten Schritt getan und deine Bilanz erstellt! Bitte überprüfe noch einmal, ob du wirklich zu 100% ehrlich zu dir warst!

Im nächsten Schritt beschäftigen wir uns mit deinem Inneren, mit deiner Persönlichkeit, mit dem wichtigsten Menschen in deinem Leben: **mit dir.**

SELBSTANALYSE: WER BIST DU?

- Was sind die wichtigsten Dinge für dich im Leben?
- Was war der schönste Moment in deinem Leben?
- Was bewunderst du am meisten an dir?
- Welches sind deine Stärken?
- Was sind deine Schwächen?
- In welchem Umfeld könnten deine Schwächen zu Stärken werden?
- Was war dein letzter Erfolg?
- Was war dein größter Erfolg?
- Was sind deine aktuellen Herausforderungen?
- Was magst du?

- Was magst du gar nicht?
- Was tust du gern?
- Was solltest du viel öfter machen?
- An welchen Orten fühlst du dich wohl?
- Was ist dein Lebensmotto?

Du darfst diese Fragen gern ergänzen oder dir deine eigene Struktur schaffen, um dich selbst besser kennenzulernen. Wichtig ist nur, dass du es tust. Nur wer sich selbst wirklich kennt, wird zum Boss.

DER BOSS UND DER TOD

Der Tod dein bester Motivator. Warum? Weil niemand uns so deutlich machen kann, dass wir etwas verändern wollen.

Die Endlichkeit des Lebens ist das, was unserem Leben Sinn verleiht, der Grund, aus dem wir Zeit als wertvollste Ressource begreifen.

Wir können diesen Gedanken der Endlichkeit dazu nutzen, uns bewusst zu werden, was wir im Leben wirklich wollen.

- Was ist es wirklich, das uns antreibt?
- Was würden wir tun, wenn wir wüssten, dass wir nächste Woche sterben?
- Würden wir dann genauso leben, wie wir es jetzt grade tun?
- Was wäre uns noch wichtig zu erledigen?
- Würden wir uns bei jemandem entschuldigen?
- Würden wir bereuen, dass wir nie unserer Berufung nachgegangen sind?
- Würden wir einen Freund anrufen, den wir lange nicht mehr gesprochen haben?
- Würden wir unseren Partner mehr schätzen?

In diesem Kapitel zeige ich dir, wie du dich mit der Endlichkeit bewusst auseinandersetzt und wie dich diese näher zu dir und zu dem, was du wirklich willst, bringt. Du hast jetzt die Chance, deinem Leben Bedeutung zu verleihen und deine Zeit, die du hier jeden Tag neu geschenkt bekommst, zu nutzen.

DIESE GEDANKEN HATTEN MENSCHEN, DIE IM STERBEN LAGEN

„Ich wünschte, ich hätte den Mut gehabt, mein eigenes Leben zu leben"

„Ich wünschte, ich hätte nicht so viel gearbeitet"

„Ich wünschte, ich hätte den Mut gehabt, meine Gefühle auszudrücken"

„Ich wünschte mir, ich hätte den Kontakt zu meinen Freunden aufrechterhalten"

„Ich wünschte, ich hätte mir erlaubt, glücklicher zu sein"

(Bronnie Ware: 5 Dinge, die Sterbende am meisten bereuen. Goldmann, 2015)

DIE GRABREDE

Die folgende Übung wird dir helfen, deine eigenen Lebensmotive zu entdecken.

Stell dir vor, du wärst tot. Es klingt erstmal kurios, doch es kann sehr helfen, sich mit der Endlichkeit des Lebens beschäftigen, um seinen EigenSinn zu entdecken.

Du bist tot und an deinem Grab wird deine Grabrede verlesen. Sei JETZT der Verfasser dieser Grabrede. Mach dir Gedanken darüber, was du gern über dich hören würdest.

Möchtest du als liebevoller Familienvater, als treusorgende Mutter, als reisender Weltentdecker, als Chef des eigenen Unternehmens, als jemand, der Menschen in Notsituationen hilft, als Rockstar, als Autor, als Pilot, der viele Menschen ans Ziel gebracht hat, als Sportler, dem keine Herausforderung zu groß war, als Künstler, der mit seinen Werken andere begeisterte oder als wichtiges Rad eines großen Unternehmens, als Modemacher, als jemand, der in der Politik wirklich was bewegt hat, als Pionier, der voranging und Menschen in eine bessere Zukunft führte, als jemand, der sich um ältere Menschen kümmerte, jemand der Kranke pflegte, oder, oder, oder, ... Es ist deine Entscheidung! Die Hauptsache ist, dass es dich am Ende glücklich macht.

Wie sollen die anderen auf dich zurückschauen?

Welche Bedeutung möchtest du in der Welt hinterlassen?

Welche drei Dinge müsstest du mehr oder weniger tun?

DIESE DREI DINGE WILL ICH MEHR TUN

1. ....
2. ....
3. ....

DIESE DREI DINGE WILL ICH WENIGER TUN

1. ....

2. ....

3. ....

DER BOSS STELLT SICH SEINER VERGANGENHEIT

Unsere Erlebnisse und Erfahrungen aus der Vergangenheit haben unmittelbare Auswirkungen auf unser Leben heute. Viele Menschen sind so stark in ihrer Vergangenheit gefangen, dass sie die Gegenwart vollkommen verpassen, geschweige denn ihre Zukunft gestalten. Die Vergangenheit hat so die Macht über ihr Leben und sie sind nicht frei, können nicht selbstbestimmt handeln. In vielen Momenten sind es nicht wir, die handeln, sondern die Verletzung aus unserer Vergangenheit, die unser Denken und Handeln steuern. Das führt oft zu Frust, Stress und Streit in unserem Umfeld und bremst uns dadurch noch weiter aus. So lässt jeder Mensch in seiner Vergangenheit Machtanteile zurück. Wenn er sich diese nicht zurückholt, verliert er die Macht über seine Gegenwart und seine Zukunft.

Das klingt erstmal befremdlich, aber ich werde es dir erklären.

Deine unverarbeitete Vergangenheit ist die Handbremse deines Lebens. Bist du schon mal mit angezogener Handbremse losgefahren und hast dich gewundert, warum du so schwer vorwärtskamst?

Kennst du diese Situationen, in denen du plötzlich Dinge sagst oder tust, die du eigentlich gar nicht willst? Das sind oft Momente, in denen deine Vergangenheit am Steuer sitzt.

Keine Sorge, es geht nicht nur dir so. Auch Menschen in deinem Umfeld sind mit der Vergangenheits-Handbremse unterwegs. Hast du schon mal einen Streit im Büro/in deinem Umfeld beobachtet und den Gedanken gehabt, „Das ist der reinste Kindergarten hier?" – Da hattest du Recht, es sind in dem Moment keine Erwachsenen, sondern vielmehr die unverarbeiteten Vergangenheiten zweier Menschen, die aufeinanderprallen.

Du siehst, es ist also umso wichtiger, sich seiner Vergangenheit zu stellen, die Handbremse zu lösen und aktiv loszulassen.

Wir können unsere Vergangenheit nicht ändern, wohl aber unsere Perspektive, mit der wir auf sie zurückschauen.

DEINE LEBENSKURVE

Auf der rechten Seite siehst du das Beispiel einer Lebenskurve.

Ich möchte dich einladen, deine eigene Lebenskurve zu zeichnen. Überlege hierfür, zu welchen Zeiten du besonders gute und auch besonders schlechte Erfahrungen gemacht hast, welche Erlebnisse dich am meisten geprägt haben. Diese zeichne in den Zeitstrahl und verbinde die einzelnen Peaks miteinander.

Mit hoher Wahrscheinlichkeit stellst du nun fest, dass das Leben immer ein Auf und Ab ist. Vielleicht bist du auch überrascht, weil du viel mehr positive Erlebnisse siehst, als du vorher erwartet hättest. Eventuell wird sichtbar, wie viele schlimme Eindrücke du auch nach vielen Jahren noch mit dir herumschleppst. Wozu machen wir das hier gerade?

Mir geht es darum, dass du dir bewusstmachst, wie deine Lebenskurve bis heute aussieht. Setze dich bewusst mit deiner Vergangenheit auseinander.

Überlege dir nun, was dein heutiges Ich deinem damaligen Ich raten würde.

Was bräuchte dein damaliges Ich, um diese Situationen souverän händeln zu können?

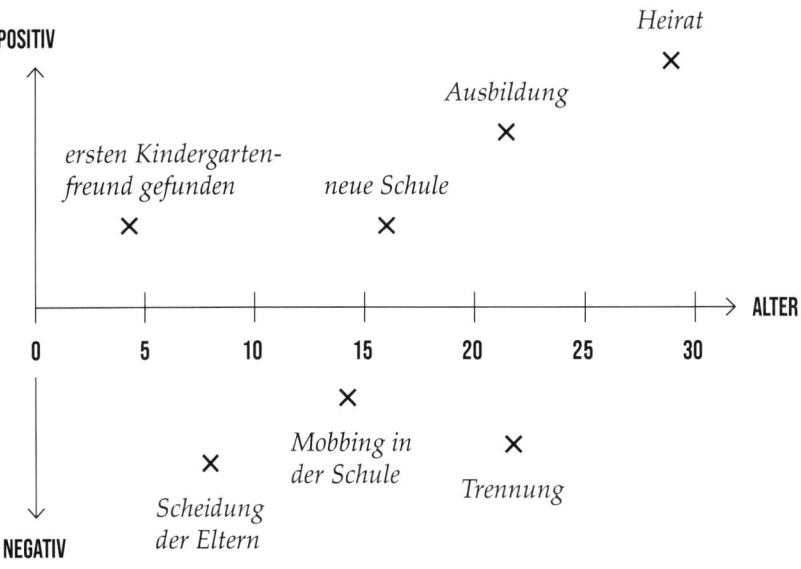

DER BOSS HOLT SICH SEINE VERGEBENE MACHT ZURÜCK

Bestimmt gibt es auch in deinem Leben Menschen, die du am liebsten auf den Mond schießen möchtest, Menschen, die dir sehr weh getan haben, die du am liebsten vierteilen würdest? Genau die haben deine Machtanteile geraubt, könnte man meinen. Tatsächlich sind es aber die Verstrickungen, die sich aus deinen Erlebnissen und Erfahrungen mit diesen Menschen ergeben.

Auch die bremsen dein Leben.

Die Verstrickungen mit diesen Menschen haben Macht über dein Leben. Glaubst du nicht? Wie oft hast du dich über sie aufgeregt, wie oft von ihnen erzählt? Wie oft hast du davon geredet, dass sie dich verletzt haben, dich enttäuscht haben, wie oft hast du darüber nachgedacht, warum sie das getan haben und wie es hätte anders laufen können… siehst du! Löse dich aus diesen Verstrickungen, indem du diesen Menschen vergibst.

Es geht dabei nicht darum, sie von ihrer „Schuld" zu befreien, sondern darum, dich zu befreien und die Macht über dein Leben zurückzugewinnen.

Ich gebe dir ein Beispiel aus meiner Praxis als Coach. Einer meiner Klienten ist Führungskraft im gehobenen Management in einem Großkonzern. Er kam zu mir und sagte „K.-J., meine Mitarbeiter

sind eine Katastrophe, ich kann mich nicht auf sie verlassen, jeden einzelnen Schritt muss ich kontrollieren, um sicherzugehen das alles läuft." Ich hörte erstmal nur zu und erwiderte nichts. Er erzählte mir weiter, er lebe in Scheidung mit seiner Ex-Frau, die ihn mit seinem besten Freund betrogen hatte. Die Scheidung war fünf Jahre her und dennoch waren die Auswirkungen deutlich spürbar. Er vertraute seinen Mitarbeitern nicht mehr. Er redete pausenlos von seiner Ex-Frau, wie sehr er leidet und wie sehr sie ihn verletzt habe. Er war völlig gefangen in seiner Vergangenheit.
Im Rahmen unseres Coachingprozesses empfahl ich ihm die Übung, die ich dir auch gleich vorstelle.

Er berichtete mir anschließend, dass sich durch das gezielte Loslassen in dieser Übung sein Fokus weg von seiner Ex-Frau, hin auf sich selbst und seine Ziele verschoben hat. Er hat die Konflikte seiner Vergangenheit hinter sich lassen können und ist nun mit seiner ganzen Power in der Gegenwart angekommen. Und, wer hätte es gedacht, sein Team ist heute erfolgreicher denn je.

Du willst es auch direkt ausprobieren? Kein Problem! Hier kommt die Übung!

SPRICH MIT DEINER VERGANGENHEIT

Denke bitte an fünf Menschen deiner Vergangenheit, die du am liebsten auf den Mond schießen würdest oder bei denen du denkst, dass sie dir in deiner Vergangenheit das Leben schwergemacht haben und die dich, durch deine Verstrickungen mit ihnen, daran hindern, Boss deines Lebens zu sein. Dies kann ein alter Lehrer aus deiner Schulzeit sein, deine Eltern, deine Geschwister, ein Freund, der dich betrogen hat oder der Ex-Partner, mit dem es Stress gab. Völlig egal! Die 5 Menschen, die dir als erstes einfallen, sind die richtigen.

Schreibe an die Menschen, die dir grade sofort in den Sinn kommen, einen Brief.

Kleiner Tipp: Auch wenn du heute ein gutes Verhältnis zu deinen Eltern hast oder diese nicht mehr unter uns weilen, ist es dennoch ratsam, einen Brief zu verfassen und die negativen Erinnerungen / Erlebnisse loszulassen.

Schreibe alles hinein, die ganze Wut, die ganze Enttäuschung und scheue dich nicht davor, Kraftausdrücke zu verwenden. Vergiss hier gerne gänzlich deine gute Kinderstube! Du kannst in diesen Briefen jammern, weinen, schreien, schimpfen, fluchen, abrechnen, unbequem sein. Niemand wird über dich urteilen. Lass alles raus. Wirklich alles.

Am Schluss schreibst du dreimal den Satz „Ich nehme mir jetzt die Macht über mein Leben zurück und lasse dich los". Anschließend suchst du dir draußen einen ruhigen Platz, wo du nicht gestört wirst und gehst mit deinem Brief und einer Feuerschale dorthin. Schließe deine Augen und stelle dir die Person ganz genau vor deinem inneren Auge vor, in allen Details. Dann liest du deinen Brief laut und stellst dir dabei vor, wie die Person dir gegenüber immer kleiner und kleiner wird. Manche Personen sind schwer kleinzukriegen, lass dich davon nicht irritieren und mach es so lange, bis die Person im Boden verschwunden ist. Dann nimmst du den Brief und verbrennst ihn. Jetzt hast du losgelassen.

Tipp: Wenn du für das Vorlesen des Briefes einen geschützten Raum möchtest, kannst du die Übung auch in zwei Teile unterteilen und nur den Teil des Verbrennens draußen durchführen.

WIE FÜHLST DU DICH JETZT?

90% meiner Klienten haben unmittelbar nach Vernichten des Briefes das Gefühl großer Erleichterung und berichten, wie der Klient aus dem Beispiel, von der Fokusverschiebung auf die Gegenwart. Für die 10%, die sich nach der ersten Runde Briefe noch nicht ausreichend erleichtert gefühlt haben, hat sich im Coachingprozess herausgestellt, dass es noch weitere Verstrickungen gab, für die eine zweite Runde Briefe erforderlich war.

Mach dir keine Sorgen, wenn du dich noch nicht so frei fühlst, wie du es dir vorgestellt hast. Überlege dir, welche Dinge du in deinen Briefen vergessen haben könntest oder welche du dich einfach noch nicht getraut hast, auf Papier zu bringen. Versuch es einfach nochmal. Es lohnt sich. Diese Übung hat eine besondere Kraft, fast schon Magie, die für mich kaum zu begreifen ist. Fakt ist, meine Klienten berichten mir von den abenteuerlichsten Ergebnissen, die diese Übungen auslösen. Von Versöhnung mit den Eltern nach mehreren Jahren, bis hin zu Endlich-loslassen-können von der Ex-Beziehung oder einem neu gewonnenen Selbstvertrauen, ist alles dabei.

> Falls du unsicher bist oder nicht weiterkommst, schreibe mir gerne eine E-Mail, rufe mich an und wir finden gemeinsam (d)einen Weg.

DER BOSS IDENTIFIZIERT UND ELIMINIERT ERFOLGSKILLER

Um nochmal auf das Bild mit dem Beifahrersitz zurückzukommen, stell dir bitte mal vor, dein Auto ist komplett zugemüllt. Überall liegt Zeug. Alte CDs, Klamotten, Papierkram, vielleicht riecht es sogar ranzig. Auf der Rückbank sitzen Leute, die fleißig darüber diskutieren, welche Route die beste für dich ist und dann sitzt auch noch jemand auf DEINEM Fahrersitz, der da gar nicht hingehört!

Dein ganzes Auto voller Erfolgskiller!

Du merkst, Erfolgskiller sind Dinge und Menschen, die dir die Energie und den Platz rauben, welche du brauchst, um dein volles Potenzial zu erkennen und zu aktivieren.

Es ist jetzt an der Zeit, deine Erfolgskiller zu eliminieren. Schmeiß sie aus dem Auto! Alle! Erobere dir den Fahrersitz zurück!

SCHAFF PLATZ FÜRS POTENZIAL

Entferne die Dinge, die dir Platz rauben!

Los geht's: Schnapp dir ein paar Müllsäcke und sortiere radikal aus. ALLES, was du seit über einem Jahr nicht mehr benutzt hast und was keinen emotionalen Wert für dich hat: WEG damit!

Hierbei gehe wie folgt vor:

Müllsack 1: Das will keiner mehr haben.

Müllsack 2: Diesen Dingen gönnst du ein neues Leben und spendest sie (z.B. Altkleidercontainer, Diakonie etc.).

Müllsack/Karton 3: Diese Dinge verschenkst du in gute Hände.

Müllsack/Karton 4: Diese Dinge verkaufst du innerhalb der nächsten 14 Tage. Was du nicht loswirst, verschenkst du.

Alle Dinge, die du aussortiert hast, bei denen du bewusst die Entscheidung getroffen hast, dich von ihnen zu trennen, verlassen deine Wohnung innerhalb von 14 Tagen. Setz dir dafür ein Stichdatum und trag es hier ein:

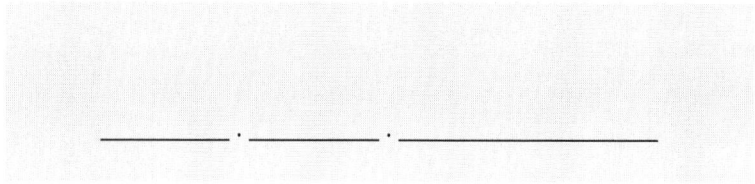

Das schafft Verbindlichkeit und die hilft dir dabei, das wirklich durchzuziehen.

Wenn es dir schwerfällt, den Anfang zu finden, starte doch erstmal damit:

Alte Kleidung: ewig nicht angezogen, gönne ihnen ein zweites Leben.

Bilder von dir, an der Wand, bis in die Ewigkeit – NEIN! Bilder, die in dir kein gutes Gefühl hervorrufen: weg damit! – Der letzte Urlaub mit dem EX – weg damit, es ist Vergangenheit. Bilder von Freunden, die eigentlich nie Freunde waren oder dich enttäuscht haben, weg damit. Bilder von Ereignissen, bei denen du dich alles andere als wohl gefühlt hast, weg damit. Das gilt auch ganz besonders für die digitalen Erinnerungen.

Bücher: Manche Bücher liest man eben auch nicht zweimal. Der Krimi aus dem letzten Urlaub, bei dem du dich noch gut daran erinnern kannst, wer am Ende der Mörder ist? Gönne anderen die Spannung, die du beim Lesen hattest, und schaffe Platz für Neues.

Die Schulsachen: Unterlagen aus dem Studium oder gar aus der Schule, wenn du sie nicht aktiv für deinen Beruf heute brauchst, weg damit.

Alle „Behaltichmalwerweißwannichsiebrauche–Dinge", von denen du denkst, vielleicht brauche ich die mal. Gönne sie den Flohmarktliebhabern.

Alle Dinge, zu denen du kein positives Gefühl hast, z.B. die Gartenfigur der Schwiegermutter oder das Blumengesteck der Mama, radikal raus damit.

Dein Hofstaat aus Plastikschüsseln: Welche brauchst du wirklich und welche haben definitiv ausgedient, weil ohnehin der Deckel fehlt?

CDs, die du längst nicht mehr hörst? Weg damit!

DVDs/Blue Rays mit Filmen, die du garantiert nicht nochmal sehen willst? RAUS damit! Da gibt's super Onlineshops, die auch alte Filme kaufen. App laden, Codes einscannen, Zack: Geld auf deinem Paypal-Konto.

Kosmetik: Die ganzen Proben, die du eh nie probiert hast, Shampoo, das du eigentlich gar nicht magst, dieses Parfüm, das du letztes Weihnachten geschenkt bekommen hast und das mehr nach WC-Ente als nach Chanel No 5 riecht, das alles brauchst du nicht… es blockiert den Platz für dein neues Lieblingsparfüm.

Schmuck: Hier sind besonders wir Frauen Meister im Sammeln. Doch grade Modeschmuck verschwindet oft in irgendwelchen Schubladen. Stücke, die wir nur auf einer Party vor 10 Jahren getragen haben, das, was wir noch aufbewahren, falls mal wieder eine Bad-Taste-Party kommen sollte… RAUS damit! Suche dir deine wirklichen Lieblingsstücke raus (mindestens einmal getragen im letzten halben Jahr) und weg mit dem Rest!

Arbeite die Liste einfach von oben runter. Schnapp dir eine Rolle Müllsäcke und schmeiß immer zuerst das weg, bei dem du das negativste Gefühl hast. Das Kleid, das ohnehin ein Fehlkauf war. Den Schmuck, den der Ex dir geschenkt hat, den du aber nie wirklich mochtest… Der Ex ist ja nicht ohne Grund dein Ex. Das gilt auch für das Hemd, welches die Exfreundin unbedingt an dir sehen wollte, das dir aber nie wirklich gefallen hat oder, oder, oder… Ich nehme an, du hast verstanden, worauf ich hinauswill.

Es gibt tausend Dinge, die wir nicht länger brauchen. Wenn du radikal aussortierst, wirst du überrascht sein, wie befreiend sich das anfühlt und wie viel Platz plötzlich für Neues ist.

Du hast dein Auto nun entmüllt. Super!

Jetzt sollten wir uns anschauen, welche Menschen genau auf deiner Rückbank platzgenommen haben und wer deinen Fahrersitz blockiert.

DEIN UMFELD: BOSSMACHER ODER BOSSVERHINDERER?

Überlege genau, mit wem du deine Zeit verbringst. Dein Umfeld ist entscheidend für deinen Erfolg! Hast du ein Umfeld, das dich positiv bestärkt, deine Ideen gemeinsam mit dir spinnt und vorantreibt? Oder hast du ein Umfeld, das deine Ideen sehr kritisch beäugt und dir jedes Hindernis, das sich dir bei der Umsetzung in den Weg stellen kann, sofort kennt und dir alphabetisch vorbeten kann?

Das sind Bossverhinderer. Sie haben für jede Lösung ein neues Problem. Lasse keine Bossverhinderer in dein Umfeld! Umgib dich mit Bossmachern! Bossmacher sind daran interessiert, Projekte auf den Weg zu bringen. Sie schauen nach Lösungen und werden dich in deinen Ideen bestärken und sagen: Tu es! Das wird groß! Wenn ich was für dich tun kann, lass es mich wissen. Denn Bossmacher wissen, dass Erfolg kein Alleingang ist.

Vielleicht hast du Menschen in deinem Leben, denen du nur aus Mitleid oder um Konflikten aus dem Weg zu gehen, deine Zeit schenkst? Das sind oft Menschen, die dir deine Kraft und Energie rauben. Kennst du diese Menschen, die dir tagein, tagaus von ihren Problemen erzählen und für jede Lösung, die du aufzeigst, ein neues Problem finden? Schmeiß sie raus! Radikal! Du bist nicht verantwortlich! Du tust dem anderen keinen Gefallen, wenn du ihm hilfst. Das klingt erstmal kurios, aber wenn wir mal genauer drauf schauen, ist es vollkommen logisch. Dadurch, dass du dem anderen ständig hilfst, nimmst du ihm die Chance, sein Leben endlich in die Hand zu nehmen und über sich hinaus zu wachsen. Verstehe mich richtig, die Menschen, die deine Hilfe annehmen und diese als Starthilfe zum eigenen Handeln begreifen, denen hilf gern und unbedingt, denn das ist wichtig! Doch vergeude deine Kraft nicht an die Menschen, die noch nicht so weit sind eine Hilfe anzunehmen. Erkläre ihnen wertschätzend, dass du nicht länger zur Verfügung stehst.

Dich behandelt jemand schlecht oder verstößt gegen deine Werte und Regeln? Schmeiß ihn raus. Umgib dich nur noch mit Menschen, mit denen du deine Zeit teilen möchtest, Menschen die dich inspirieren, mit denen du lachen kannst, die zu dir stehen und dich in deinen Zielen unterstützen oder zumindest nicht behindern. Dies gilt auch für Familie.

Nicht die Familie bestimmt, wer du bist und was du tust, sondern du bestimmst, wer deine Familie ist.

Wenn du feststellst, die Gene sind das einzige, was eine Verbindung aufbaut, dann fühle dich nicht verpflichtet, nur aufgrund von dem Verwandtschaftsverhältnis Kontakt zu halten. Zeit ist das wertvollste Geschenk, was du erhalten oder geben kannst. Daher wähle weise, wem du dieses wertvolle Geschenk machst.

DEINE ZEITBILANZ

Diesen Menschen schenke ich Zeit, obwohl ich es nicht will (inklusive WhatsApp- und Facebook-Kommunikation):

1. ....
2. ....
3. ....

Mit diesen Menschen ist *jede* Sekunde wertvoll:

1. ....
2. ....
3. ....

So viel Zeit investiere ich insgesamt in Menschen, die mich nicht inspirieren, mir kein gutes Gefühl geben und nicht für mich da sind:

....
....
....

So viel Zeit investiere ich insgesamt in meine liebsten Menschen:

....
....
....

Mache dir bewusst, wie viel Zeit du für die wichtigen Menschen und Dinge hast, wenn du die, denen du eigentlich gar keine Zeit schenken willst, aus deinem Leben schmeißt.

Fakt ist: Je mehr du dich von dem trennst, was dich bremst, desto mehr wirst du das bekommen, was du wirklich willst.

DER BOSS DENKT AN DIE LÖSUNG

Herzlichen Glückwunsch! Und Kompliment, dass du bis hierher durchgehalten hast! Du hast dich von der Vergangenheit gelöst und bist mit deiner ganzen Power in der Gegenwart angekommen.

Du hast es geschafft, dein Leben zu entrümpeln, deine alten Gewohnheiten aufzugeben und bist nun in der Lage, neue positive Dinge fest in deinem Leben zu verankern. Du hast bereits jetzt wichtige Erkenntnisse für dich gewinnen können. Dir sind wahrscheinlich plötzlich Gedanken gekommen, die du nie erwartest hättest.

Vielleicht hast du jetzt auch ein wenig Angst vor der Veränderung, die nun kommen wird. Vielleicht überlegst du auch grade, schön kuschelig, muckelig in deiner Komfortzone zu bleiben, weil doch eigentlich alles gar nicht so schlimm ist und du so wenigstens Sicherheit hast?

Sicherheit ist ein Trugbild.

Erinnere dich: **Das einzige, was im Leben sicher ist, ist, dass es sich verändert.** Es liegt nur an dir, ob du diese Veränderungen als Chance begreifst.

Ein wesentlicher Faktor für Erfolg oder Misserfolg ist deine Perspektive. Entscheidend ist, wie du Situationen bewertest und welches Handeln für dich daraus resultiert.

Ich habe hier ein Beispiel für dich, das aus unterschiedlichen Perspektiven betrachtet werden kann.

BEISPIEL

Die Firma, in der du arbeitest, geht insolvent und du wirst gekündigt.

Szenario A: Du hast wahnsinnige Angst nun arbeitslos zu sein, in Hartz 4 abzurutschen und wenig Hoffnung, einen neuen Job zu finden. Du denkst, dass es sehr schwer wird, denn du hast kaum Erfahrung in Vorstellungsgesprächen, da du direkt nach der Ausbildung übernommen wurdest. Du bist verzweifelt und erzählst deinem Umfeld, wie schwer doch alles ist und erwartest Trost und Unterstützung und dass du von außen genauso viel Mitleid bekommst, wie du dir selbst grade die ganze Zeit zusprichst.

ES GEHT AUCH ANDERS!

Szenario B: Du findest es natürlich schade, gekündigt worden zu sein, aber du siehst die Chance, die sich dir bietet. Du weißt, wenn du dich reinhängst, kannst du nun den Job bekommen, den du ohnehin schon länger wolltest. Du weißt, wenn du hart dafür arbeitest und nicht aufgibst, hast du die Chance, deine Situation sogar zu verbessern. Du kannst nun dein Gehalt neu verhandeln und neue Menschen und Strukturen kennenlernen, die dir die Möglichkeit bieten, dich zu behaupten und zu entwickeln.

Wusstest du, dass der McDonald's-Gründer 54 Jahre alt war, als er das Fastfoodimperium gründete? Wusstest du, dass Walt Disney zeitweise unter einer Brücke geschlafen hat, weil er kein Geld hatte? Oder dass J.K. Rowling vor ihrem Erfolg Sozialhilfeempfängerin war und zunächst kein Verlag Harry Potter veröffentlichen wollte? Es gibt noch viele Beispiele mehr von Menschen, die erst durch ihr Scheitern erfolgreich wurden.

Natürlich kann nicht jeder sofort eine Idee haben und das ist auch nicht die Erwartungshaltung, die dahinterstehen soll. Es geht um die Perspektive. **Erwartest du Gutes, wird dir Gutes passieren. Gibst du auf und lässt dich hängen, wird das Leben dir genau das zurückspielen.** Ich sage nicht, dass der Weg immer einfach ist und ich habe auch schon oft geflucht. Verdammte Scheiße nochmal! Wir sind alle Menschen und keine rosaroten Glücksbärchis mit Dauergrinsen. Doch mit einer positiven Einstellung und dem Gedanken, dass das Glas viel mehr halb voll als halb leer ist, kommst du aus solchen dunklen, scheinbar perspektivlosen Phasen schnell wieder raus.

Mein Credo: Alles, was im Leben passiert, hat einen Sinn.

Wie du die Perspektive wechseln kannst? Das ist Übungssache. Du kannst das ganz leicht trainieren. Wirst du mit Geschichten konfrontiert, in denen etwas schiefgelaufen ist, schaue immer darauf, welche positiven Entwicklungen sich daraus ergeben können.

Es gibt viele Beispiele. Wenn dein Haus abbrennt, ist das Positive daran, dass du nun neu bauen und gestalten kannst. Selbst wenn jemand von uns geht, können wir etwas Positives für uns daraus ziehen. Derjenige macht uns auf die Endlichkeit des Lebens aufmerksam und wir können diese Gelegenheit nutzen und unsere Prioritäten neu ordnen.

KAFFEE, KAROTTE ODER EI

Es ist wichtig, dass du verstehst: Du und dein Verhalten machen den Unterschied zwischen Sieg oder Niederlage.

Ich werde dir das an einem Beispiel verdeutlichen, das sich aus einem Gleichnis mit unbekanntem Autor ableitet:

Wenn du ein Ei länger als 5 Minuten kochst, wird es in der Konsistenz hart, richtig? Wenn du eine Karotte (zu lange) kochst, wird sie weich, korrekt? Wenn du aber einen Kaffee oder Tee kochst, wird es ein köstlicher Genuss. Alle drei sind derselben Situation ausgesetzt, dem kochenden Wasser. Aber alle reagieren völlig unterschiedlich.

Genauso ist es bei uns. Es gibt Menschen, die in Krisensituationen hart werden, nichts an sich heranlassen und an denen (vermeintlich) alles wie der Regen vom Lotusblatt abprallt. Andere werden weich wie gut durchgekochte Karotten und sehen sich als Opfer der Umstände.

Und jetzt rate mal, wie die Gruppe „Kaffee/Tee" reagiert!

Genau! Die macht aus jeder Situation das Beste, sei sie noch so schwer. Sie konzentrieren sich auf die Lösung, statt das Problem ständig hin und her zu wälzen.

Also es kommt immer auf DICH an, darauf, wie du auf das „heiße Wasser", das über dich geschüttet wird, reagierst und was du aus jeder Situation machst.

Du hast unendlich viele Möglichkeiten - Nimm sie dir!

DEIN PERSPEKTIVWECHSEL

- Welche Beispiele fallen dir für scheinbar ausweglose Situationen ein?
- Wie könnte man diese Situationen lösen, wenn man sich auf die Lösung anstatt auf das Problem konzentriert?
- Welche Situationen kennst du aus deiner Erfahrung, die erst eine schwierige Herausforderung waren, mit einer Lösungsstrategie dann aber gemeistert werden konnten?

KLARHEIT - DER BOSS WEISS: WHY, HOW, WHAT

Ich bin großer Fan des „Golden Circle" von Simon Sinek („Finde Dein Warum", Simon Sinek, Redline Verlag, 2018).

Er geht davon aus, dass wir, bevor wir uns damit befassen, was oder wie wir etwas tun, erst unser WHY finden müssen. Sprich, wir müssen erst beantworten können, warum wir überhaupt etwas tun, **was unser innerer Antrieb ist.**

Das WHY ist der Sinn deines Lebens, der Grund, aus dem du jeden Tag aufstehst und das machst, was du im Leben machst. Alles, was du tust, sollte sich mit deinem WHY, deinem inneren Antrieb begründen lassen. Die Japaner bezeichnen diesen Sinn als Ikigai. Manche Menschen haben ihn bereits gefunden und sind sich seiner bewusst, während andere ihn in sich tragen, jedoch nichts von ihm wissen. Manche werden ihn nie erkennen können.

Ich bezeichne dieses WHY als EigenSinn. Das WHY zu finden ist in meinen Augen der Schlüssel zum Glück und somit auch zum Erfolg. Es bringt eine ungeahnte Freiheit. Wenn du einmal dein WHY gefunden hast und dich danach ausrichtest, wird es dir nie wieder schwer fallen Entscheidungen zu treffen.

Die einzige Entscheidung, die du dann treffen musst, ist, „Dient es meinem WHY oder nicht?" Dieses WHY zu finden ist alles andere als einfach. Es gibt sogar Menschen, die finden es nie. Weil sie nicht bereit sind, sich zuzuhören.

Am besten stellst du dir die Suche nach dem WHY vor, wie einen Fall, den du lösen willst. Du installierst deinen eigenen WHY-Detektiv. Indizien, die für ein WHY-Potenzial sprechen, sind zum Beispiel Dinge, die bei dir immer wieder durchkommen, bei denen deine Augen anfangen zu leuchten und du Begeisterung verspürst.

BEISPIELE

Du hast als Kind bereits Flugzeuge geliebt. Wenn du im Fernsehen Dokumentationen über Flugzeuge siehst, bist du fasziniert. Du hast sogar schon mal drüber nachgedacht, fliegen zu lernen.

Du hast schon immer Musik geliebt, du hattest eine Schulband. Immer wenn du auf Konzerten warst, hattest du das Gefühl, eigentlich bist du derjenige, der auf dieser Bühne stehen sollte.

Du hörst Menschen gern zu. Du präsentierst gern Ideen. Dein WHY zeigt sich in vielen Situationen. Auch Träume können dir Hinweise auf dein Warum liefern. Der erste Schritt ist, in dich hineinzuhören und ehrlich zu dir zu sein.

Dies sind aber nur Indizien. Das WHY ist keine Funktion, kein Beruf, sondern etwas Übergeordnetes.

Es ist wie auf einer alten Ein-Dollar-Münze, auf der nicht nur steht „In God we trust", sondern auch „E Pluribus unum". Das bedeutet: Fasse vieles zu einem zusammen. Es meint: Dein EigenSinn ist nicht eine Sache, die du machst, sondern es ist das, was alles zu einem zusammenfasst. Entscheidend ist nicht, was du tust, sondern WARUM! Das Was oder das Wie kann sich immer verändern, aber der EigenSinn, das WHY bleibt. Es ist wie der Fixstern, der hell leuchtet, um dir immer wieder deinen Weg zu zeigen und dich zu leiten.

Das eigene WHY zu finden und treffend zu formulieren, ist gar nicht so leicht und wenn du es dann gefunden hast, wirst du denken, eigentlich ist es so simpel!

> **Mein WHY:** Ich will Freude und Freiheit in die Welt bringen und so die Welt zu einem besseren Ort machen. Mein WHY ist das Leuchten in den Augen der Menschen, wenn sie endlich authentisch ihren Weg gehen.

FINDE DEIN WHY

Was ist dein **WHY**? Was ist für dich der Sinn deines Lebens? Begib dich auf detektivische Mission:

- Warum und wofür stehst du jeden Morgen auf?
- Was waren Berufe, die du als Kind ergreifen wolltest, was hat dich als jugendlicher Mensch fasziniert? Was liebst du jetzt? Wo beginnen deine Augen zu leuchten?
- Welchen Unterschied würde es für die Welt machen, wenn du morgens einfach im Bett liegen bliebest?

- Stell dir vor, du hättest alle Möglichkeiten, es gäbe keine Begrenzungen, du hättest Zugriff auf alles Wissen, das du benötigst und unbegrenzte finanzielle Mittel: Wie würdest du dein Leben gestalten?

Schreibe alles so auf, wie es dir zuerst in den Sinn kommt und denk nicht drüber nach. Nimm dir am besten ein großes Blatt oder ein Whiteboard und schreibe alles auf. Dann wird der Moment kommen, in dem du erkennst, dass es ein verbindendes Element gibt. Und plötzlich wird alles einen Sinn ergeben.

Dein WHY zu finden ist aber nur der erste Schritt. Das WHY allein ist wie ein Antrieb ohne Anlasser. Du brauchst also einen Anlasser.

Mach dir im zweiten Schritt bewusst, wie du dein WHY durch ein HOW in die Tat umsetzt. Dein HOW beschreibt die Strategie, mit der du dein WHY Wirklichkeit werden lässt.

> **Mein HOW:** Ich inspiriere Menschen dazu, ihren EigenSinn im Leben zu finden und diesen in voller Konsequenz zu leben.

FINDE DEIN HOW

- Wie kannst du dein definiertes WHY realisieren?
- Wie sieht deine Strategie aus?

Im dritten Schritt definierst du dein WHAT. Das sind deine konkreten Handlungsschritte, die sich aus WHY und HOW ableiten.

> **Mein aktuelles WHAT:** Ich schreibe dieses Buch und coache und berate Menschen.
> Ich bin gespannt, was mein nächstes WHAT sein wird!

FINDE DEIN WHAT

- Welche konkreten Schritte ergeben sich für dich?
- Entspricht das, WAS du grade tust, deinem WHY?
- Welche Reihenfolge ist sinnvoll?
- Womit beginnst du?
- Was ist dein erster Schritt?

Super! Du hast deinen Antrieb definiert, den Anlasser aktiviert und das Gaspedal gefunden. Es kann losgehen! Du musst dich nur noch entscheiden, das Gaspedal voll durchzutreten.

BONUS-TRACK: PRIORITÄTEN SETZEN - WAS WILLST DU EIGENTLICH?

Du wunderst dich nun sicherlich, warum der Bonus-Track mittendrin kommt. Das ist ganz einfach: Weil ich es so entschieden habe. Wer sagt, dass ein Bonuskapitel nicht in der Mitte oder am Anfang sein darf? Es ist mein Buch, da kann ich die Regeln bestimmen.

Als Kind wird uns das Boss-Sein abtrainiert. Wir lernen, wenn wir folgen, haben wir Erfolg und wenn nicht, werden wir bestraft. Wir lernten vielleicht, dass einen eigenen Willen zu haben, nicht richtig ist. Ich wurde von meinen Großeltern immer wieder darauf konditioniert, nicht meinen Willen zu äußern: „Kinder mit 'nem Willen, bekommen was auf die Brillen." Ich weiß, dass sie dies nicht in böser Absicht gesagt haben, aber es wirkt eben trotzdem. Es hat gedauert, bis ich im Erwachsenenalter begriff, dass mein Wille zählt.

Daher ist es wichtig, dass wir uns bei allem, was wir tun, immer wieder fragen:

WILL ich das?
Will **ICH** das?
Will ich **DAS**?

Viele Menschen wissen gar nicht, was sie wirklich wollen, sind aber außer sich, wenn sie es nicht bekommen. Ich möchte dir eine kleine Geschichte erzählen, die das Ganze deutlich macht.

AUTOHAUS DES LEBENS

Stell dir vor, du bist im Autohaus, um dir ein neues Auto auszusuchen und beobachtest folgende Situation:

> Ein Mann betritt das Autohaus. Er ist Anfang 50, groß, schlank, hat einen grauen Haaransatz und blaue Augen. Er könnte ein sehr attraktiver Mann sein, wenn er nicht so missmutig dreinschauen würde. Sein Name ist Hans Unklar.
>
> Der Inhaber des Autohauses, Robert Leben, kommt lächelnd auf ihn zu und fragt: „Was kann ich Gutes für Sie tun, was wünschen Sie?" Hans grummelt „Mein Auto ist kaputt - Totalschaden!" Der Verkäufer bleibt freundlich und fragt erneut: „Was wünschen Sie?" Er antwortet: „Mein Auto ist kaputt - Totalschaden, habe ich doch grade gesagt!" Der Verkäufer denkt „Soll er doch erstmal wissen, was er will..." und geht zum nächsten Kunden.

WENN DU DEM LEBEN NICHT SAGST, WAS DU WILLST, WIRST DU ES NICHT BEKOMMEN

Wie oft verhalten sich Menschen genau wie Hans Unklar? Wie oft sagen Menschen: „Ich will einen anderen Job, ich habe keinen Bock mehr."? Wie oft beschweren Menschen sich, dass sie ihren Traumpartner nicht finden, ohne vorher wirklich darüber nachgedacht zu haben, wie dieser denn sein soll?

Wie oft wollen Menschen abnehmen, Gewohnheiten verändern?

Wenn du deinen Willen formulierst, sei konkret. Beschreibe für dich genau, welche Vorteile es hat, dieses Ziel zu erreichen und wie es dein Leben positiv beeinflusst. Wie oft schreien wir unsere Bedürfnisse in die Welt und das Leben reagiert einfach nicht? Es wartet, bis wir unseren Willen konkret formulieren.

> Hans Unklar merkt, dass er so nicht weiterkommt. Er beginnt sich selbst im Autohaus umzusehen und fragt nach einer Liste der aktuellen Top-Modelle. Die Liste ist lang. Es gibt tausend Möglichkeiten. Der Verkäufer fragt erneut: „Sie wünschen?"
>
> „Ganz langsam, ich muss mich hier erstmal zurechtfinden." Sein Blick fällt auf den pinken SUV, er sagt: „Oh nein, ich will nicht den pinken SUV – Auf gar keinen Fall!" Was er nicht weiß, Robert Leben kennt weder die Worte „nein", „nicht" noch „keinen". Er hört: Oh ja, ich will den pinken SUV – Auf jeden Fall!"

WENN DU DEM LEBEN DAS SAGST, WAS DU NICHT WILLST, WIRST DU GENAU DAS BEKOMMEN

Wie oft konzentrieren wir uns auf das, was wir nicht wollen?

- „Ich hoffe, dass ich den Pitch beim Kunden nicht versaue."
- „Ich hoffe, ich falle nicht durch den Test."
- „Ich hoffe, ich werde nicht gekündigt."
- „Ich hoffe, ich werde nicht einsam und allein sterben."

Dieses Vermeidungsdenken ist mächtig. Es lenkt deinen Fokus auf das, was du nicht willst, anstatt dich auf das zu konzentrieren, was du willst. Das Leben unterscheidet nicht zwischen Gutem und Schlechtem. Es bringt dir das, worauf du deine Aufmerksamkeit lenkst.

Konzentriere dich also auf das, was du möchtest!

Wie kann die optimale Lösung für dich aussehen?
Wie fühlt es sich an, wenn du das, was du willst, erreicht hast?

Herr Unklar kann das pinke Fiasko grade noch verhindern. Er ist immer noch erschlagen von den tausend Wahlmöglichkeiten im Autohaus. Da mischt sich ein anderer Kunde ein, es ist Karl Ichweißwasgutist. „Ich finde, der gelbe Kombi würde hervorragend zu Ihnen passen. Er hat so eine fröhliche Farbe und er ist groß genug, gerade wenn man Kinder hat super praktisch. Total großartig! Herr Leben, machen Sie den doch für den Herren schon mal fertig." Hans Unklar hasst gelb und seine Kinder sind 30 und 24.

WENN DU ANDERE FÜR DICH WOLLEN LÄSST, WIRST DU BEKOMMEN, WAS SIE WOLLEN

Das findest du kurios?

Überlege dir, wie oft andere für uns bestellen. Wie Herr U. geben wir unsere Macht ab und lassen uns unseren Willen diktieren und glauben am Ende sogar noch, es sei unsere Idee.

Woher kommt der Plan, eine „sichere Arbeit" finden, eine Familie gründen, ein Haus bauen zu müssen?

Wir sind oft fremdbestimmtd ohne es zu merken? Je mehr wir uns dessen bewusst werden, desto eher lösen wir uns davon und entdecken, was wir wirklich wollen.

Während der Verkäufer nach dem gelben Kombi schaut, entscheidet sich Herr Unklar. Doch er ist von dem ganzen Prozedere vorher verunsichert. „Wenn es Ihnen keine Umstände macht, würde ich den roten Sportwagen nehmen." wendet er sich leise an den Verkäufer. Dieser ist mittlerweile selbst auch schon verunsichert und geht zögernd Richtung roter Sportwagen.

DAS LEBEN KANN NUR KRAFTVOLLE ENTSCHEIDUNGEN REGISTRIEREN

Auch im Leben sind wir oft zögerlich mit unseren Entscheidungen, lassen uns viel zu viel Zeit, sind unverbindlich, eiern rum. Doch die schlimmste Entscheidung, die du treffen kannst, ist eine NICHT-Entscheidung! Sie raubt dir Zeit und Energie und es verändert sich... NICHTS!

Wie wäre es stattdessen mit:

- Ich entscheide mich dafür, den nächsten Kunden zu begeistern!
- Ich entscheide mich dafür, den nächsten Test mit Bravour zu bestehen!
- Ich entscheide mich dafür, mehr Sport zu machen!
- Ich entscheide mich dafür, meinen Traumjob zu finden!
- **Oder für Hans Unklar:** Ich entscheide mich für DIESEN ROTEN SPORTWAGEN!

Währenddessen schaut sich Hans Unklar um und stellt fest, dass die anderen Kunden alle entweder bei schwarzen oder silbernen Modellen stehen und auch eher bei Limousinen und SUVs. Er lässt sich erneut verunsichern und bittet beim Verkäufer um Bedenkzeit.

WENN WIR UNS ZU OFT UMENTSCHEIDEN, IST DAS LEBEN VERWIRRT

Das kennen wir alle. Wir haben uns eigentlich entschieden und dann entscheiden wir uns um. Uns verunsichert doch irgendetwas oder ein Bossverhinderer kommt und sagt, dass es ohnehin nicht funktioniert. Fokussiere dich auf das, was du willst und lass die anderen Meinungen links liegen. **Nimm niemals den Rat eines Menschen an, der nicht das Leben lebt, was du dir wünscht.**

> Als Karl Ichweißwasgutist sich wieder zu ihm rüberbewegt, winkt Hans dankend ab. Er weiß nun, was er will. Mit einem Lächeln und starker Stimme bestellt er den roten Sportwagen: „Ich will den roten Sportwagen, in der Sonderedition mit dem stärksten Motor, den Sie haben!" Der Verkäufer übergibt ihm den Sportwagen, in der besten Version, mit dem stärksten Motor, den er hat und legt sogar noch eine Packung Reifen extra drauf! Als Hans vom Hof fährt, weiß er, dass er sich auf seine Entscheidungen verlassen kann. Robert Leben steht lächelnd in der Tür und winkt zufrieden zum Abschied.

EINE KLARE ENTSCHEIDUNG, DIE DU OHNE EINMISCHUNG ANDERER TRIFFST, BRINGT EIN FANTASTISCHES ERGEBNIS

Am Ende weiß Hans Unklar, egal was er bestellt, er kann sich drauf verlassen, genau das zu bekommen.

Vertraue darauf, dass das Leben deine Entscheidung hervorragend umsetzt.

Wie oft tust du Dinge, die du eigentlich gar nicht willst?

Du musst aufhören zu rauchen? Du musst mehr ins Fitnessstudio? Weniger Süßigkeiten essen? Einen Scheiß musst du. Das einzige, was du musst, ist zu wissen, was DU willst. Statt „Ich muss mehr..." oder „ich muss aufhören mit..." zu denken, entwickle für dich eine Vision!

Warum gehen Menschen ins Fitnessstudio? Um Fitness zu machen? Das ist das, WAS sie tun. Die Motivation, die sie dorthin treibt, ist ein schönerer Körper, mehr Kondition, gesund bleiben, Stressabbau und Genuss der Glückshormone.

Frage dich zum Beispiel:

- Welche positiven Effekte hat es für dich, wenn du mit dem Rauchen aufhörst?
- Was bringt es dir, jeden Morgen joggen zu gehen?
- Welchen Vorteil hat es für dich, auf Cola zu verzichten?
- Wie würde sich dein Leben verändern, wenn du dich endlich von dem Partner trennst, der dir nicht guttut?

Möglicherweise kommst du zu folgenden Antworten:

- Du sparst eine Menge Geld, das du bald in deine Traumreise investierst.
- Du kannst aufwachen, ohne einen Hustenanfall zu bekommen.
- Du fühlst dich fitter, deine Kondition verbessert sich.
- Dein Konzentrationsvermögen verbessert sich. Dein Risiko an Diabetes zu erkranken sinkt.
- Du bist endlich wieder bei dir und hast genug Energie für dich und deine Ziele.

Das ist die Motivation aufzuhören, nicht das schlechte Gewissen. Das schlechte Gewissen ist nur eins: SCHLECHT. Es wird NIE zu nachhaltiger Verhaltensänderung führen. Sobald dein innerer Schweinehund ein Schlupfloch sieht, wird er genau dieses nutzen. Es gibt so viele positive Effekte, wenn du etwas beendest oder neu startest. Mache dir diese bewusst!

ÜBUNGEN UM GEWOHNHEITEN ZU VERÄNDERN

- Überlege dir, welche störende Angewohnheit du stoppen und welche positive Gewohnheit du dir aneignen möchtest und schreibe fünf positive Effekte auf, die daraus resultieren.
- Ersetze in jedem Satz, den du sagst „Ich muss" durch „Ich will". Ergibt der Satz jetzt noch Sinn für dich? Willst du wirklich das, was du sagst? Wenn nicht, dann lass es sein!

Du bist nur für einen einzigen (erwachsenen) Menschen im Leben verantwortlich: für dich selbst!

Wichtig: Formuliere nur das, was du willst und immer positiv. Unser Unterbewusstsein, kann das Wort „nicht" und „kein" nicht wahrnehmen. Das bedeutet, wenn du jemandem sagst, was du nicht willst, wirst du exakt das bekommen.

DER BOSS PROGRAMMIERT SICH NEU

Hast du dich schon mal gefragt, warum dir manche Dinge immer wieder passieren, warum sich Situationen immer wiederholen, als würdest du im Kreisverkehr die Ausfahrt nicht finden und immer weiter und weiter im Kreis fahren?

Du willst die Ausfahrt natürlich nehmen und du siehst sie ganz deutlich vor dir, aber nichts hilft, du fährst weiter im Kreis.

Kennst du das, dass du dich in Situationen anders verhältst, als du es eigentlich willst, als würde jemand anderes dein Lenkrad bewegen? In diesen Fällen ist mit hoher Wahrscheinlichkeit ein Glaubenssatz am Werk. Ein Glaubenssatz hat nichts mit Religion oder Kirche zu tun. Glaubenssätze sind unbewusst verinnerlichte, oft negative Überzeugungen über uns selbst. Es sind Lektionen, die du in der Vergangenheit gelernt hast. Lektionen, die du im Bewusstsein schon vergessen hast. Diese Glaubenssätze sind in dir gespeichert und wirken unbewusst bis heute.

Wie entstehen diese Glaubenssätze? Häufig entstehen sie durch gefühlte Ablehnung der Eltern in der Kindheit. Das müssen keine krassen Situationen sein. Ein sich wiederholendes „Lass mich das machen, das kannst du nicht." kann genauso wirken wie ein „Aus dir wird nie was." Auch das Zurechtweisen vor Gruppen, wenn wir zum Beispiel an die Schule denken, kann Glaubenssätze erschaffen. Wir können negative Glaubenssätze über Geld haben, die unsere Eltern uns vorgelebt haben. „Geld verdirbt den Charakter.", „Geld stinkt." etc. Vielleicht haben Menschen als Kind dein Aussehen kritisiert, vielleicht wurdest du in der Schule aufgrund deines Gewichtes gemobbt und als dickes Schwein oder als Spargeltarzan bezeichnet oder du wurdest einfach ignoriert und ausgegrenzt. Auch einschneidende Erlebnisse können Glaubenssätze bilden. Glaubenssätze sind individuell und auch in ihrer Ausprägung sind sie unterschiedlich.

Glaubenssätze sind etwas, mit dem wir uns nicht gern befassen, denn es sind oft schlechte Dinge, die wir da über uns denken und wer denkt schon gern schlecht über sich?

BEISPIELE FÜR PERSÖNLICHE GLAUBENSSÄTZE

- „Ich bin nicht gut genug."
- „Ich bin nicht liebenswert."
- „Ich bin hässlich."
- „Ich bin dumm."
- „Ich reiche nicht aus, so wie ich bin."
- „Ich bin zu dick."

BEISPIELE FÜR ALLGEMEINE GLAUBENSSÄTZE IM BUSINESS

- „Das ist dem Kunden sicher zu teuer."
- „Das haben wir schon immer so gemacht, das sollten wir weiterhin so tun."
- „Wenn wir uns dem Markt nicht anpassen, verlieren wir."

Solche Glaubenssätze sind Erfolgskiller, da sie dein Handeln und deine Kommunikation immer beeinflussen. Stell sie dir wie nervige Beifahrer in deinem Auto vor, die ständig Musik anmachen, die du nicht magst, das Fenster öffnen, obwohl dir kalt ist, dir ständig ins Wort fallen und pausenlos nur von sich erzählen. Diese Glaubenssätze wirken. Und wirken. Und wirken.

Dass jemand uns als Kind die Kompetenz abspricht, etwas zu tun, führt bei uns oft dazu, dass wir uns Dinge nicht zutrauen. Dass wir als Kind in der Schule von Lehrern zurechtgewiesen wurden, kann dazu führen, dass wir nun das Gefühl haben, nicht gut genug zu sein. Wurdest du als Kind gemobbt und z.B. als fettes Schwein, Fettsack, Hungerhaken bezeichnet, führt dies häufig dazu, dass du dich zu dick oder dünn fühlst und vielleicht auch nicht in der Lage bist, ein gesundes Gewicht zu erreichen.

Jetzt kommt die gute Nachricht: Wir müssen nicht länger im Kreis fahren, wir können unsere Ausfahrt finden!

Wir können die Glaubenssätze verändern. Stell dir vor, du formatierst deine Festplatte. Die alten Daten verschwinden ja nicht einfach, sie werden mit neuen Daten überschrieben. Und genau das machen wir jetzt. Wir löschen die Glaubenssätze, die dich daran hindern, der Boss deines Lebens zu sein, und überschreiben sie mit Powersätzen. Und sobald wir neu gespeichert haben, ist es, als hätte es den alten Satz nie gegeben.

VOM GLAUBENSSATZ ZUM POWERSATZ

Wie findest du heraus, welche deine Glaubenssätze sind?
Ganz einfach. Erster Punkt, sei ehrlich zu dir. Es ist nicht schön, diese Sätze aufzuschreiben, aber ich verspreche dir, es wird sich lohnen. Wenn du unsicher bist, denke an Situationen, die sich wiederholen. Vielleicht erkennst du ein Muster und kannst so den versteckten Glaubenssatz finden.

Viele unserer Glaubenssätze und Überzeugungen haben wir von Personen übernommen, die uns geprägt haben. Denke darüber nach, welche Sätze von anderen dein Leben geprägt haben.

- Mein Vater sagte immer: …
- Meine Mutter sagte häufig: …
- Ich höre noch den Lieblingsspruch meines Opas: …
- Meine Oma hat mir ständig gesagt: …
- Eine Lektion, die mein Lehrer ständig wiederholte: …

- Der wichtigste Satz meiner Kindheit: …
- Eine Lektion, die ich nie vergessen werde: …
- Etwas, das ich eigentlich nicht wahrhaben will, was aber immer wieder anklopft: …

Überprüfe diese Aussagen nun kritisch und frage dich, ob diese Aussagen auch heute noch deiner Wahrheit entsprechen oder ob du das heute anders siehst.

- Ist der genannte Satz heute sinnhaft für dich?
- Dient er dazu, dir das Leben einfacher zu machen, oder ist er eher erschwerend?
- Ist er geeignet, dich glücklich und zufrieden zu machen?

Nimm dir ein Blatt und teile es in der Mitte mit einem senkrechten Strich. Auf die linke Seite schreibst du deine negativen Glaubenssätze. Dann überlege dir die positive Entsprechung zu dem Satz und schreibe diesen auf die rechte Seite.

Das sind deine Powersätze!

BEISPIELE FÜR POWERSÄTZE

- So wie ich bin, bin ich gut.
- Ich bin stark.
- Ich bin klug.
- Ich bin inspirierend.
- Ich habe Mut.
- Ich bin mutig.
- Ich bin liebenswert.

Am Anfang werden dir diese positiven Sätze mit hoher Wahrscheinlichkeit suspekt sein. Wenn du vorher den Glaubenssatz hattest, nicht liebenswert zu sein, fühlt es sich jetzt gegebenenfalls komisch an, zu schreiben „ich bin liebenswert.". Lass dich davon nicht irritieren. Es zählt nicht, ob du die neuen Sätze zu 100% glaubst. Es funktioniert trotzdem.

Bitte teile nun das Blatt in zwei Hälften und wirf die linke mit den negativen Glaubenssätzen weg, du kannst sie auch gern dem Feuer überlassen. Die rechte Seite des Blattes behältst du. Hänge sie dir an einen Ort, an dem du sie täglich siehst. Lies jeden dieser Sätze täglich 10 Mal laut vor. Jeden Tag. Ja, das klingt komisch, du kommst dir vermutlich seltsam vor, aber auch das gehört dazu. Du wirst mit der Zeit an den Punkt kommen, an dem du sie mit voller Überzeugung vorträgst, und dann wirst du im nächsten Schritt feststellen, dass die Powersätze zur selbsterfüllenden Prophezeiung geworden sind.

Du willst noch mehr Power? Dann intensiviere die Übung, indem du die Sätze vor dem Spiegel vorträgst.

DER BOSS IST FANTASTISCH FREI

DER BOSS IST UNABHÄNGIG VON DER BEWUNDERUNG ANDERER

Wir alle lieben es, gelobt zu werden und Komplimente zu erhalten. Bauen wir unser Selbstvertrauen jedoch nur darauf auf, von außen etwas zu erhalten, machen wir uns abhängig. Wir tun Dinge, die wir eigentlich nicht wollen, nur um Anerkennung zu bekommen. Dabei verhalten wir uns schon nach kürzester Zeit wie ein Junkie, der immer den nächsten Schuss braucht. Denn die Anerkennung wird niemals ausreichen und wenn sie irgendwann plötzlich wegbleibt, fällst du zusammen wie ein Autoreifen, in den ein Messer gestochen wird. Ich habe dies bei einigen Klienten erlebt, die sich ausschließlich darüber definiert haben, WAS sie tun, über ihren Job. Du kannst dir vorstellen, dass für sie eine Welt zusammenbrach, als sie gekündigt wurden.

Auch Geld als Form der Anerkennung ist ein probates Mittel, um den eigenen Wert zu steigern. Doch grade Geld und Luxus sind nur ein Glücksquickie. Wir kaufen uns ein neues Auto und sind erstmal glücklich, doch Monate später ist das Auto zur Gewohnheit geworden. Wir kaufen tolle Handtaschen, Kleidung, teure Smartphones. Doch auch hier der Gewohnheitseffekt.

Ich habe Klienten, die haben viel erreicht, sind finanziell unabhängig und kommen mit dem Wunsch zu mir, etwas zu verändern.

Sie wollen den Sinn in ihrem Leben finden, um endlich ein erfülltes Leben zu führen. Ich will damit nicht sagen, dass Geld schlecht ist, im Gegenteil. Geld ist für mich ein Mittel, um in der Welt etwas zu verändern. Doch das allein wird dich nie zu einem glücklichen Menschen machen. Auch der so genannte „Fame" ist ein Kartenhaus, das schneller zusammenstürzt, als du es dir vorstellen kannst. Ich habe eine Klientin, die bekannt ist, dann aber einen großen Shitstorm erlebte und meine Hilfe suchte. Sie sagte zu mir: „Ich dachte immer, ich bin eine selbstbewusste, starke Frau – doch dann erkannte ich, dass ich diese Frau nur sein konnte, weil ich von außen getragen wurde."

Wenn du jedem gefallen willst, bezahlst du einen sehr hohen Preis!

1. *Ist dies ein Ziel, das du niemals erreichen wirst,*
2. *mögen dich die Menschen dann für etwas, das du nicht bist und nur aus Angst nicht allein dazustehen, vorspielst.*

Ich frage dich, ist es nicht viel besser, für eine kurze Zeit allein zu sein, dich zu sammeln, dir selbst zuzuhören und rauszufinden, was du wirklich willst, um dann mit den Menschen zusammen zu sein, die dich ehrlich mögen, als sich in Gesellschaft permanent einsam zu fühlen?

Wie wäre es, wenn du einfach die Dinge tust, die du liebst, so einzigartig eigenSinnig bist, wie du bist, und die Leute dich genau deswegen anerkennen?

Wie wäre es, wenn du so fest an dich glaubst, dass du dir selbst dein eigener Fels in der Brandung bist? Sobald du dich nicht mehr von der Anerkennung anderer abhängig machst, wirst du nie wieder etwas persönlich nehmen. Du wirst erkennen, dass das Verhalten von Menschen dir gegenüber viel mehr über die Person aussagt, die dir gegenübersteht, als über dich. Menschen sind immer unsere Lehrer. Wenn du dich von jemandem angegriffen oder verletzt fühlst, dann ist dies ein Hinweis darauf, dass bei dir noch etwas aufzuarbeiten ist.

TRIFFT ES DICH, BETRIFFT ES DICH!

Damit will ich nicht sagen, dass du alles hinnehmen musst.
Wenn jemand deine Werte nicht achtet, sich respektlos verhält, zeige ihm seine Grenzen auf und sage ihm, dass er das mit dir nicht machen kann. Tu dies aber nicht aus einer Hilflosigkeit oder Trotzigkeit heraus, sondern aus reiner Wertschätzung für dich selbst. Mit der Klarheit, dass seine Reaktion an deiner Wertschätzung für dich selbst nichts verändert.

Echtes Selbstvertrauen bedeutet nicht, dass dich alle mögen. Selbstvertrauen bedeutet, dass es für dich und dein positives Lebensgefühl nicht weiter von Bedeutung ist, ob dich alle gut finden. Selbstbewusstsein bedeutet nicht, sich stark zu präsentieren. Selbstbewusstsein bedeutet, dich mit all deinen Facetten zu kennen und zu 100% zu dir zu stehen.

Mach dir bewusst, dass egal, was andere sagen, DU wertvoll bist. Eigenlob stinkt, sagt die Norm. Ich sage, es ist notwendig auf dem Weg zum Erfolg. Es geht hierbei nicht darum, dein Ego zu pushen, sondern es geht um echtes Selbstvertrauen. Es geht darum, dir deiner selbst bewusst zu sein, wer du bist, warum du bist und was du willst.

Wie willst du andere inspirieren, wenn du dir selbst und dem, was du sagst, nicht vertraust, wenn du selbst nicht der Auffassung bist, dass du oder dein Produkt Menschen einen einzigartigen Mehrwert bieten? Glaub an dich, dieses Gefühl, das du hast, dass es das richtige ist, vertrau ihm! Vertraue dir, dass du alle Fähigkeiten bereits besitzt, um deinen EigenSinn zu leben. Es gibt so ein schönes Sprichwort: Wenn du an deinen Erfolg glaubst, hast du ihn fast erreicht.

Was ist großartig an dir?

Was ist es, was dich einzigartig macht?

LAUDATIO AUF DEIN LEBENSWERK

Halte eine Laudatio auf dein Lebenswerk!

Stell dir vor, du wärest ein bewunderter Künstler und du verleihst dir selbst eine Auszeichnung für dein Lebenswerk. Als Lebenswerk ist hierbei DU als Person zu verstehen.

Schreibe dir deine eigene Laudatio, in der du dich selbst für all die Dinge lobst, die du an dir magst. 10 Punkte sind Pflicht, natürlich kannst du gerne mehr aufschreiben. Diese Laudatio trägst du dir selbst vor. Übergib dir selbst einen Preis für dein Lebenswerk. Nimm hierfür etwas, das du wirklich liebst und das du dir sonst nicht gönnen würdest.

Zelebriere deine Preisverleihung, nimm dir Zeit, mache dich schön, so dass du dich richtig wohl fühlst, ziehe dir ein schönes Kleid an, deinen schönsten Anzug, mache dir deine Lieblingsmusik an, koche dir vielleicht dein Lieblingsessen, gestalte diesen

Moment komplett nach deinen Vorstellungen, auch den Ort kannst du wählen. Am Ende, wenn du deine Laudatio gehalten und dir den Preis überreicht hast, mach ein Selfie von dir und zeig der Welt unter #meinekrönung, was DU für ein toller Mensch bist!

DER BOSS STEHT FÜR SICH EIN

Deshalb hat der Boss seinen Anwalt!

Dein innerer Anwalt ist von enormem Wert, um deine Ziele zu erreichen, daher können wir unmöglich darauf verzichten! Ein Boss hat immer seinen inneren Anwalt dabei, den er zu jedem Zeitpunkt aktivieren kann.

Du kennst die Situation, wenn dir Zweifel kommen? Wenn du dir unsicher bist, ob du deine Aufgaben erledigen kannst, wenn du plötzlich nur noch Barrieren siehst statt Wege? Da spricht dann dein so genannter „innerer Kritiker". Dieser hat es echt drauf, dir alles schlecht zu reden. Er kennt jeden einzelnen Grund, warum die Idee zum Scheitern verurteilt ist und warum du das auf gar keinen Fall schaffen kannst. Daher ist es in seinen Augen die Mühe doch gar nicht wert, überhaupt den Versuch zu starten. Der „innere Kritiker" ist harter Verfechter der „bloß keine Fehler machen"-Strategie. Er will sich auf keinen Fall blamieren und niemanden die Schwächen erkennen lassen. In dieser Situation brauchst du dringend deinen inneren Anwalt, der eine fundierte Verteidigungsstrategie hat und diese ohne Wenn und Aber für dich umsetzt. Wie du dir sicher denken kannst, kommt dieser Anwalt nicht einfach so vorbei. Wie bei einem richtigen Anwalt ist es zunächst notwendig, ihn anzurufen, kennenzulernen und mit dem Fall bekannt zu machen. Er muss volle Akteneinsicht haben, sonst kann er seine Strategie nicht aufbauen. Es klingt seltsam, aber es hilft, wenn du ihm/ihr einen Namen gibst und dir eine reale Person vorstellst.

Erschaffe deinen Anwalt:

- Stelle dir nun deinen Anwalt vor. Wie soll dein Anwalt heißen? Am besten nimmst du hierfür einen Namen, der für dich positiv klingt oder mit dem du bereits Positives verbindest. Wie sieht er aus? Ist er groß oder eher klein, schlank oder eher etwas dicker? Wie ist sein Charakter?
- Reflektiere 5 Situationen, in denen du einen inneren Anwalt gebraucht hättest und notiere die 5 Situationen.
- Stell dir diese 5 Situationen in der Vergangenheit vor, in denen du einen inneren Anwalt gebraucht hättest! Situationen, bei denen du hinterher dachtest „Das hätte ich sagen müssen. Ich hätte mich mehr für mich einsetzen sollen" und entwickle für jeden dieser Fälle eine Verteidigungsstrategie.

Bonustipp: Date dich doch einfach mal selbst! Habe ab sofort jedem Monat mindestens einmal ein Date mit dir außerhalb deiner Wohnung. Es wird sich zuerst komisch anfühlen, doch dann wirst du merken, dass es dein Selbstwertgefühl stärkt. Fange erst an mit Dingen, die dir leichtfallen, z.B. spazieren zu gehen und dann kannst du beliebig steigern, mit dir ins Kino, mit dir tanzen gehen, mit dir reisen und vieles mehr. Sag dir immer bei den Dates: Du bist nicht allein, du erlebst etwas exklusiv mit dir!

DER BOSS BRAUCHT KEINE MASKE

Menschen, die stark sind, verstecken sich nicht. Menschen, die stark sind, tragen keine Maske. Menschen, die stark sind, lügen nicht. Menschen, die stark sind, manipulieren nicht.

Ich hasse diesen Maskenball der Menschen, der einem überall begegnet.

Kennst du dieses Gefühl, diese angespannte Situation: Du bist im Meeting, alle sind per „Sie" und du spürst, dass jeder hier nur seine eigenen Interessen vertritt, sich daher nur vordergründig für sein Gegenüber interessiert?

Oder wenn ein Verkäufer auf dich zukommt und du direkt spürst, er spielt seine Freundlichkeit nur vor, um dir etwas zu verkaufen? Oder wenn du in einem Elternabend sitzt und merkst, dass hier nur Machtspiele gespielt werden und es schon längst nicht mehr um das Wohl der Kinder geht.

Oder an einem Stammtisch, wo immer nur über andere geredet wird, aber nie jemand etwas von sich preisgeben würde. Das ist sehr anstrengend!

Ich hasse diese Situationen. Wie du aus meiner Vita weißt, war ich in unterschiedlichen Positionen als Führungskraft tätig und weiß daher, dass es im Business die skurrilen Maskenbälle gibt. Doch nicht nur dort, auch innerhalb der Familie werden häufig Masken getragen. Da werden Dinge totgeschwiegen und gute Miene zum bösen Spiel gemacht, weil es sich eben so gehört! Was für ein Schwachsinn! Diese Maskerade macht krank und kostet Zeit und Energie, die woanders besser investiert wäre.

Diese ganzen Konventionen, diese ganzen Regeln. Und ich frage mich immer nur: „Warum hinterfragt das niemand?"

Das mit dem Siezen habe ich zum Beispiel nie verstanden. Schon als Kind war mir das höchst suspekt. Warum wird ein Lehrer gesiezt, aber das Kind geduzt? Warum können wir uns nicht auf Augenhöhe begegnen? Warum diese Distanz? Ich glaube, es ist eine Art, die Masken besser zu kontrollieren. Ein „Sie" schafft Distanz, ich brauche mich nicht als Mensch zu zeigen. Jeder sieht nur die Maske und das dahinter bleibt verborgen.

Für mich hat das „Sie" nichts mit Respekt zu tun. Respekt kommt vom Herzen, nicht von Titeln oder Anredeformen!

Warum denken wir, dass wir uns verstellen müssen?

Warum werden Menschen manipuliert und nicht begeistert?

Ich sage dir: Manipulation funktioniert nur temporär. Irgendwann wird der Mensch bewusst oder unbewusst merken, dass er manipuliert wird und dass das, was er tut, ihm nicht entspricht. Anpassung war, als vor dem Dorf noch der Säbelzahntiger lauerte, enorm wichtig. Hat sich damals jemand nicht angepasst und den Regeln der Gemeinschaft unterworfen, saß er ganz schnell alleine im Dschungel und hatte keine Chance zu überleben. Anpassung war also überlebenswichtig. Auch in unserer Kindheit war Anpassung an den Willen der Eltern oft unsere Überlebensstrategie.

Die gute Nachricht: Der Säbelzahntiger ist schon lange ausgestorben und du bist mittlerweile erwachsen! Die totale Anpassung ist nicht mehr notwendig.

Natürlich ist sie dennoch eine praktikable Strategie, erfolgreich wirst du damit aber eher nicht. Andere werden dich immer wieder überholen und du kannst niemals dein gesamtes Potenzial abrufen, sondern läufst bestenfalls auf 70%.

Wie ich eingangs erwähnte, wünsche ich mir, dass die Menschen ihr gesamtes Potenzial leben, ihre gesamte Kraft nutzen. Aus diesem Grund schreibe ich dieses Buch und insbesondere auch dieses Kapitel.

Wie geil könnte diese Welt sein, wenn jeder sein Potenzial nutzen würde und das täte, was ihm entspricht? Wie viele Innovationen hätten wir bereits, wenn Menschen nicht aus Angst in tristen Jobs versauern würden?

Ich habe jahrelang diesen Maskenball mitgespielt und ich war perfekt darin! Ich war stolz darauf, wie gut ich mich anpassen konnte, da ich aufgrund meiner emotionalen Intelligenz dort natürlich einen Wettbewerbsvorteil hatte. Ich war wie ein Chamäleon. Ich konnte mich optimal an jede Situation und jeden Menschen anpassen und habe selbst nie gemerkt, dass ich gar nicht ich war, sondern mein Ich mit jeder Anpassung mehr und mehr verschwand.

Doch irgendwann funktionierte dieses Maskenspiel nicht mehr. Ich lernte eine Person kennen, der ich, egal was ich tat, gar nichts Recht machen konnte. Sie lehnte mich einfach aus Prinzip ab. Diese Person hatte eine sehr harte und wertvolle Lektion für mich: Anpassen ist einfach nur scheiße! Es ist vielleicht manchmal einfacher, aber es macht nicht glücklich. Welche Personen finden wir denn toll? Die, die so sind wie alle anderen? NEIN! Wir bewundern die Menschen, die es anders machen, die stark sind, die über Meinungen drüberstehen und straight ihren Weg gehen.

Erst als ich meine Maske fallen ließ, wurde ich erfolgreich. Erst dann schaffte ich es, meine Interviewpartner vom Bosskonzept zu begeistern. Erst dann lernte ich den Mann kennen, mit dem ich heute glücklich verheiratet bin und der mich mit allen meinen Facetten liebt. Ich bin immer noch facettenreich, aber ich habe MEINE Werte, MEINE Vorlieben, MEINE Visionen, MEINEN Stil, MEINE Art!

Im Business gilt es allerdings immer noch als „guter Stil", diese Masken zu nutzen. Doch auch dort lehne ich es ab. Es kostet Energie und Zeit, wenn Menschen erst stundenlang drum herumreden, um dann irgendwann zum Punkt zu kommen. Das kostet Effizienz.

Ich hatte nie dieses „Obrigkeitsehrungsgefühl". Mir geht es um Lösungen, nicht darum, wer den längsten... Titel hat. Für mich ist jeder Mensch in erster Linie Mensch und ich bringe jedem Menschen Respekt entgegen, Titel hin oder her.

Mit dieser Art bin ich oft sehr angeeckt und sie hat in der Vergangenheit oft dazu geführt, dass ich Verbindungen mit Unternehmen wieder abbrach.

Als ich bei den Jungen Haien ankam, bekam ich endlich den Freiraum, den ich vorher so schmerzlich an der ein oder anderen beruflichen Station vermisst hatte.

Ich fand eine Unternehmenskultur vor, die ich vorher nie in der Form erlebt habe, mir aber immer gewünscht hatte.

Lösungsorientierung statt politisches Gehabe, Arbeiten auf Augenhöhe, Raum für persönliche Entfaltung, unkonventionelles freies Denken, familiärer ehrlicher Zusammenhalt.

Welcome to the shark side!

Ich startete als Sales Manager und wurde zur Vertriebsleiterin. Mein erstes Treffen mit einem potenziellen Kunden leitete ich ein mit: „Ich habe keinen Bock auf dieses Business-Theater! Ich lehne Manipulation ab! Wer nicht mit mir arbeiten will, soll es auch nicht tun. Ich will, dass wir uns als Menschen begegnen. Immerhin wollen wir miteinander arbeiten und beide das beste Ergebnis erzielen." Danach war der Knoten geplatzt, ich bekam sofort positives Feedback, mein Gegenüber war heilfroh und glücklich, eine Beraterin zu haben, die auf Augenhöhe arbeitet und zum Lachen nicht in den Keller geht. Ab dem Zeitpunkt gingen meine Verkaufszahlen nach oben! Ich habe selten so schnell Abschlüsse generiert und es sind tolle, nachhaltige Projekte und Kundenbeziehungen daraus entstanden.

Der Wunsch, zusätzlich selbstständig als Coach zu arbeiten wurde größer. Ich suchte das Gespräch, um mir die Erlaubnis für meine Nebentätigkeit als Coach zu holen.

Die Reaktion überraschte mich: Die Geschäftsführung erlaubte mir nicht nur, nebenbei selbstständig als Business Coach zu arbeiten, sie boten mir auch an, meine Ausbildung komplett zu übernehmen und mir die Verantwortung für die Potenzialentwicklung der Mitarbeiter zu übertragen.

Diese Erfahrung hat mich dazu inspiriert, statt eines Vertriebskonzeptes ein Begeisterungskonzept zu entwickeln, das sich revolutionär von herkömmlichen Vertriebskonzepten unterscheidet:

- Das M-U-T-Prinzip, in welchem es darum geht, ehrlich und authentisch Menschen von deiner Idee oder deinem Produkt zu begeistern.
- Dieses M-U-T-Prinzip gebe ich heute in meinen Begeisterungscoachings an andere Menschen weiter.
- Diese neue Art des Business birgt ein unendliches Gefühl von Freiheit.
- Du wirst feststellen, dass Menschen sich dir gegenüber anders verhalten.
- Du wirst feststellen, dass Menschen bei dir kaufen wollen.
- Du brauchst nicht mehr über Preise zu verhandeln.

- Du kannst deinem Kunden besser helfen, weil er sich mehr öffnet und du ihn und sein Anliegen so besser verstehen kannst.
- Es entstehen weniger Missverständnisse, weil man sich die Dinge direkt und ohne Maskenformeln kommunizieren kann.

Ich finde es schade, dass Menschen verlernt haben, sich zu begegnen. Fremde Menschen lernen sich nicht einfach kennen. Im Bus spricht niemand miteinander. Viele Singles surfen lieber auf der Datingapp, als den Menschen neben sich anzusprechen.

Wir laufen wie Zombies durch unsere Welt, da wir mehr auf Instagram und Facebook zuhause sind als in der Welt, in der wir leben. Wenn uns dann jemand anspricht, uns jemand aus unserem Zombiemodus rausholt, sind wir direkt skeptisch, ob derjenige Zwielichtiges von uns will. Das ist schade!

Ich habe das abgelegt. Ich lerne schon seit mehreren Jahren überall Menschen kennen und mache fremden Menschen Komplimente. Ich lächle griesgrämig dreinschauende Menschen an, die brauchen es am meisten.

Du wirst über diese Worte bestimmt erstmal nachdenken müssen, weil es so ganz anders ist als das, was unsere Erziehung oder die „Norm" diktiert hat. Doch wenn du ehrlich zu dir bist, dann fühlst du dich doch auch wohler, gelöster, bist offener, wenn du mit einem Menschen per „Du" bist. Dir geht es bestimmt auch besser, wenn du am Wochenende zuhause mit deiner Familie bist, als wenn du im Büro deine Position verteidigen musst oder in Seminaren sitzt, in denen du die neuesten veralteten Manipulationstechniken lernst.

Ich habe mich bewusst dafür entschieden, meine Maske abzulegen, und es geht mir sehr gut damit. Was du machst, is up to you!

Hast du den Mut, du selbst zu sein?

Hast du den Mut, deine Maske fallen zu lassen?

Hast du den Mut, dich und dein Potenzial der Welt zu zeigen?

BOSSE STÄRKEN MIT WORTEN

Ein Boss übt keine vernichtende Kritik, weil er weiß, dass dies weder ihm etwas bringt, noch dem, den er kritisiert.

Wir neigen dazu, Dinge und Menschen sofort zu bewerten. Schon in der Schule wurden unsere Fehler rot angestrichen und wenn wir schlechte Noten mit nach Hause brachten, haben wir oft eine Rüge erhalten.

Doch wenn wir wirklich mal hinterfragen, warum Menschen vernichtende Kritik üben, steht nur ein Motiv dahinter:

Ego!

In dem Moment zeigt der Kritisierende „Ich bin besser als du.", „Ich weiß es besser als du.", „Ich kenne den richtigen Weg.". Das ist nicht nur wahnsinnig arrogant, sondern zerstört aktiv Stück für Stück die Beziehung zu den Menschen, die kritisiert werden.

Die Menschen, die kritisiert werden, fühlen sich in dem Augenblick klein, unwohl, fehlerhaft. Der Mensch, der kritisiert, hat nur kurz das Hochgefühl von Überlegenheit.

Grade wenn wir zurück an unsere Kindheit denken, wurden wir permanent kritisiert. „Lass das sein!", „Dafür bist du noch zu klein.", "Das kannst du nicht.", "Schau wie deine Schwester das macht, die macht das richtig.". Durch diese Form der „Erziehung" haben wir Kritik und das Kritisieren gelernt und verinnerlicht und glauben auch heute noch, dass uns das weiterbringt. Diesen Kreis gilt es zu durchbrechen, denn Menschen, die andere ständig kritisieren, werden langfristig nicht erfolgreich.

Ein wertvolles ehrliches Feedback hingegen, das dazu dient, die Stärken des Gegenübers zu entwickeln, führt schneller und vor allem nachhaltiger zu Verhaltensänderungen beim Menschen.

SELBSTERKENNTNIS FÜHRT ZU LANGFRISTIGER VERÄNDERUNG

Zwang führt zu einer Kette, die sich der andere für dich anlegt. Das kostet sowohl ihn als auch dich viel Kraft, weil du die Kette immer fester um seinen Hals legen musst, um das gewünschte Verhalten zu bekommen. Wenn du einem Menschen neu begegnest oder gegebenenfalls einen neuen Mitarbeiter bekommst, dann frage dich immer zuerst, was sind seine Stärken, was sind Eigenschaften, die dir richtig gut gefallen. Wie kann ich ein Umfeld für diesen Menschen schaffen, das ihn stärkt?

Wichtig ist dabei auch, welche Worte du für dein Feedback nutzt. Worte können zerstören und Worte können erschaffen. Es ist wie bei Feuer und Wasser. Sie können Kraft und Wärme spenden und gleichzeitig Leben nehmen.

Worte sind Macht! Je nachdem, wie du etwas formulierst, baut es einen Menschen auf oder macht ihn klein. Je nachdem, wie du Worte nutzt, machst du dich selbst stark oder schwach.

Die in meinen Augen stärksten Worte sind „JA" und „NEIN".

JA! Woran denken wir zuerst, wenn wir „Ja" hören? Vielleicht an das JA vorm Traualtar. Allein dort sehen wir, welche Kraft dieses JA hat. JA zu etwas zu sagen. Darum ist es so wichtig, nur dann JA zu sagen, wenn wir auch JA meinen.

Ein „Gefälligkeits-JA" ist ein verstecktes Nein, welches Zeit braucht, um sich durchzusetzen.

NEIN! Nein ist ein ganzer Satz. Ein Nein braucht keine Begründung! Es reicht vollkommen: NEIN! Eine Erklärung ist nicht notwendig. Auch schön: „Nein und überlege dir mal, warum!" Da beginnt dein Gegenüber, nochmal drüber nachzudenken.

NICHT: Dieses Wort solltest du vermeiden. Es kann vom Unterbewusstsein nicht wahrgenommen werden. Wenn du also möchtest, dass dein Kind die Tasse nicht fallen lässt, ist es suboptimal es mit dem Satz „Lass aber nicht die Tasse fallen" dazu motivieren zu wollen. Besser wäre: „Halt die Tasse gut fest!"

Wenn du deinem Mitarbeiter ein Feedback gibst und ein gewisses Verhalten nicht möchtest, sag ihm welches Verhalten du dir wünscht, nicht welches Verhalten er einstellen soll.

Auch wenn du dir generell Dinge wünscht, pass mit Negationen auf: „Ich will nicht wieder... Ich will keinen..." Du wirst genau das bekommen was hinter dem Nicht steht. Wenn du also möchtest, dass jemand sein Verhalten ändert und mit Dingen aufhört, dann verwende ein anderes Wort, andere Worte, die das Wort nicht aussparen.

ABER: Aber ist ein typisches Verhinderer-Wort, das in den meisten Fällen nicht zu einer Lösung führt. Damit darfst du sparsam umgehen.

JA, ABER: Ja, aber ist oft eine Trotzreaktion, „Du hast xy schon wieder nicht gemacht!", „Ja, aber du machst ja auch nie zy!", „Ja, aber du bist ja auch..." – „Ja, aber" ist oft ein Hinweis darauf, dass wir von uns ablenken wollen, Kritik nicht annehmen können und Schuld auf andere schieben.

KONJUNKTIVE: Sei vorsichtig mit Konjunktiven. Sie nehmen deinen Aussagen die Kraft! Würde, hätte, könnte... klingt anders als „Ich will", „Ich habe", „Ich kann". Manchmal sind Konjunktive stilistisch sinnvoll.

SCHWIERIG: Wenn du sagst, dass etwas schwierig ist, machst du es dir schwerer, als es ist.

WAS INSGESAMT WICHTIG IST

Du bist verantwortlich für das, was du sagst, und wie du es sagst, nicht für das, was der andere versteht.

Es gibt unterschiedliche Kommunikationstheoretiker, zum Beispiel Schulz von Thun, die sich einig sind, dass derselbe Satz von unterschiedlichen Personen anders wahrgenommen werden kann.

Ebenfalls wichtig: der Kontext in dem man sich bewegt. Ein rauer Ton gehört auf dem Bau beispielsweise dazu. Dort müssen Menschen schnell reagieren, es hat unmittelbare Folgen, wenn sie nicht direkt das ausführen, was gesagt wird.

Wenn du in einem Büro möchtest, dass Dinge schnell umgesetzt werden, ist es ratsam diplomatischer vorzugehen.

BEVOR DU KRITIK ÜBST, STELLE DIR FOLGENDE FRAGEN

1. Betrifft es mich oder will ich nur meine Meinung kundtun und anderen meine Lebensweise aufdrücken?
2. Was ist mein langfristiger Mehrwert?
3. Wenn es mich betrifft, inwiefern?
4. Wie schlimm ist es wirklich? Würde ich mich in einem Jahr noch an das Fehlverhalten des Anderen erinnern?
5. Wie kann ich die Kritik als wertvoll-ehrliches Feedback formulieren, sodass es mein Gegenüber stärkt?

DER BOSS MEISTERT PRÜFUNGEN

Wenn du deinen Weg gefunden hast, wird dieser nicht frei von Staus sein. Manchmal passiert vor dir ein Unfall, andere Autos stehen quer auf der Straße. Nun ist es wichtig, auf deinem Weg zu bleiben. Ja, vielleicht wäre es leichter, die Abfahrt zu nehmen und den Stau zu umfahren, nur dann verlierst du deinen Weg, deinen Weg, den du endlich gefunden hast.

Daher hab den Mut, die Autos, die sich dir in den Weg stellen, zur Seite zu schieben und die Straße wieder frei zu machen. Wir sehen immer nur das Endresultat des Erfolges, sehen, dass Menschen ihren Weg gehen. Was dafür alles notwendig war, sehen wir nicht, dies bleibt unter der Oberfläche.

Bosse stehen lachend im Orkan! Natürlich kennen Bosse auch Momente der Niedergeschlagenheit.

Allein, was ich für dieses Buch investiert habe und auf meinem Weg als Coach alles erlebt habe, auch da gab es durchaus Punkte, an denen ich hätte aufgeben können. Es gab Menschen, die mir gesagt haben, meine Interviewfragen seien eine Frechheit. Es gab Menschen, die hinter meinem Rücken schlecht über mich geredet haben. Es gab Menschen, die dachten, „Jaja, das Blondie schreibt ein Buch…". Es gab Menschen, die meine Kompetenz als Coach angezweifelt haben und erst als sie im Coaching waren erkannten, welchen Mehrwert es ihnen bietet. Aber das war mir alles egal.

Ich habe einen inneren Antrieb, wie ein Motor, der immer wieder anspringt, auch wenn er abgewürgt worden ist. Ich habe an manchen Türen 10 Mal klopfen müssen, bis mir einer aufgemacht hat. Aber beim 10. Mal hat es geklappt. Mindestens 5 meiner Interviewpartner begannen oder beendeten das Interview mit dem Satz „Wenn du nicht so hartnäckig geblieben wärst, wären wir jetzt nicht hier, normalerweise blocke ich Interviews ab". Und auch danach, als das Buch fertig war, gab es Hürden. Wie gründe ich einen Verlag? Wie finanziere ich die erste Auflage? Wie organisiere ich es, dass so viele Menschen wie möglich mein Buch lesen? Was ich dir damit sagen will: Wenn es beim ersten Mal nicht klappt, so what? – Sieh es als Lernprozess! Wenn es einfach wäre, würde es jeder machen! Niemand ist du und das ist deine Kraft! Also mach´s nochmal und beziehe beim nächsten Mal die Learnings aus deinem Scheitern mit ein!

Bedenke: JEDER erfolgreiche Mensch ist schon mal gescheitert und genau das ist es, warum sie erfolgreich sind. Erfolgreiche Menschen begreifen Fehler immer als eine Chance für Veränderung.

Wenn andere Menschen dir erzählen, deine Pläne seien nicht realistisch, ignoriere das. Es sind ihre Grenzen, nicht deine!

Egal was passiert, wenn du einmal deinen Weg gefunden hast, bleib auf der Straße! Sieh die Probleme, die kommen, als Aufgaben, durch die du wachsen kannst. Nimm es als sportliche Herausforderung, die Hürden zu meistern! Du kannst es! Und wenn du mal wieder Zweifel an dir hast, mach dir bewusst: Von mehreren Millionen Spermien warst du das schnellste!

Wie wäre es, wenn du statt deiner Träume deine Zweifel aufgibst und dadurch zur Inspiration für andere wirst?!

DER BOSS SIEHT FEHLER ALS LEKTION

Trau dich, Fehler zu machen. Du wirst nie vorher wissen, ob eine Entscheidung richtig oder falsch ist, doch eins ist sicher, du wirst an der Entscheidung wachsen.

Egal wie es ausgeht, du kannst nur gewinnnen!

Machst du etwas, das sich im Nachhinein als „Fehler" herausstellt und dich nicht weiterbringt, hast du nun dieses Wissen und kannst deine Strategie anpassen.

Wenn es funktioniert, hast du gelernt, dass genau diese Entscheidung richtig war und kannst deinen Erfolg feiern.

So oder so – du gewinnst! Du wächst über dich hinaus!

Was hält dich also davon ab, endlich eine Entscheidung zu treffen? Eine Nicht-Entscheidung ist auch eine Entscheidung. Sie ist die Entscheidung zum Stillstand. Sie ist die Entscheidung, weiterhin den Schmerz des aktuellen Zustandes zu ertragen und zu bequem zu sein, etwas dagegen zu unternehmen.

Du entscheidest immer, es gibt kein Nicht-Entscheiden!

Ich habe im Leben so viele unterschiedliche Bereiche kennengelernt, so viele Dinge erlebt und das mit nur 30 Jahren. Im Rückblick betrachtet sage ich: Nichts davon war ein Fehler. Es gab Lektionen, die ich lernen musste, und es war gut, dass ich mich ständig verändert und Stillstand nie zugelassen habe.

Wenn du also grade in einer Situation bist, die mit dem Satz von Fettes Brot beschrieben werden könnte: „Soll ich´s wirklich machen oder lass ich´s lieber sein?" Entscheide dich für ein klares JA oder NEIN!

Nicht-Entscheiden kostet Energie und Zeit!

Glaubst du, die erfolgreichen Menschen wären heute da, wo sie stehen, wenn sie gezögert hätten? Wenn sie sich von ihrer Angst vor Fehlern hätten ihr Leben diktieren lassen?

NEIN! Sie sind erfolgreich, weil sie verstanden haben, dass das größte Risiko im Leben das ist, keines einzugehen.

Es gibt mittlerweile Unternehmen, die Fehler belohnen, weil sie zeigen, dass du risikobereit bist und das Unternehmen dadurch Erfahrungen sammelt und wächst.

Freue dich darauf zu gewinnen und zu lernen, anstatt deiner Angst die Führung zu überlassen.

Trau dich, dein Leben, deine Möglichkeiten, dein Potenzial zu entdecken!

DER BOSS HAT ERFOLGSROUTINEN

Routinen... wie langweilig. Als Boss will ich doch das tun können, was ich will. Und genau darum geht es. Du definierst deine eigenen Erfolgsroutinen und deswegen macht es auch Spaß, sich daran zu halten.

Ich will damit nicht sagen, dass die Einhaltung ohne Disziplin funktioniert, doch hast du jemals einen Menschen gesehen, der Erfolg hatte, ohne eiserne Disziplin?

Am Anfang wird es nicht einfach sein, aber dann wirst du verstehen, welchen Mehrwert dir diese Routinen bieten: Ruhe im Kopf. Durch diese Routinen bist du fokussiert.

Aus meiner eigenen und der Erfahrung der Menschen, mit denen ich darüber sprach, ist es vor allem wichtig, den Tag bewusst zu beginnen und zu beenden.

Es ist hierbei deine Entscheidung, wie du diese Routinen umsetzt und welche Routinen du dir konkret aneignen möchtest. Hier sind ein paar Inspirationen für dich, wie du deinen **Tag bewusst beginnen kannst:**

FRÜHER AUFSTEHEN ALS ANDERE

Normal ist es so: Die Menschen stehen auf und haben direkt Stress, weil sie gleich morgens damit beginnen, durch ihr Leben zu hetzen. Diese Menschen nehmen sich nicht die Zeit für sich, bewusst in den Tag zu starten.

Erfolgreiche Menschen machen das anders!

Ich habe mit vielen erfolgreichen Menschen gesprochen und viele Biografien gelesen. Es gibt zwei Arten der erfolgreichen Menschen: die Frühaufsteher und die Nachteulen.

Einige Frühaufsteher stellen sich den Wecker sogar auf 04:30 Uhr. Die Nachteulen nutzen die Zeit, in der die anderen schlafen, um kreativ und erfolgreich zu sein.

Der Vorteil dieser Routine: Um diese Zeit stört dich niemand. Da die meisten allerdings tagsüber arbeiten, stehen sie lieber früh auf, als spät ins Bett zu gehen. Werde Frühaufsteher und nutze die zusätzliche Zeit für dich und deine Vision! Zum Beispiel hiermit:

MUSIK

Du magst Musik, dann starte mit dem Song in deinen Tag, der dir richtig Power gibt!

MEDITATION

Meditation hilft dir dabei, dich zu erden. Es müssen dabei keine spirituellen Höhenflüge entstehen, manchmal hilft es auch einfach, innezuhalten und zu atmen.

VISUALISIERUNG

Wenn du gern innere Bilder magst, kann es eine Routine sein, dir jeden Morgen nach dem Aufstehen, deine Vision vor deinem inneren Auge aufzurufen in allen Details, Farben, Gerüchen und Formen.

FRÜHSTÜCKEN

Morgens etwas essen, obligatorisch? Leider nicht mehr, viele Menschen haben verlernt zu frühstücken. Da wird dann eben noch schnell auf dem Weg oder vor dem PC im Büro sich nebenbei Nahrung zugeführt. Das ist kein Frühstücken, das ist Zwangsernährung.

SPORT

Du machst gerne Sport, prima! Ob 'ne Runde Joggen, Schwimmen oder Krafttraining im Fitnessstudio, mit Bewegung in den Tag zu starten, ist immer eine gute Idee.

SPAZIEREN GEHEN

Du liebst die Natur und die Ruhe morgens, dann mach doch einen kleinen Spaziergang.

...Es gibt noch tausend andere Möglichkeiten, munter in den Tag zu starten, da bist du vollkommen frei!

BOSS ÄRGERE DICH NICHT

Ärger bringt dich nicht weiter. **Sich über Dinge zu ärgern, ist verschenkte Zeit.** Es gibt drei Wege mit einer ärgerlichen Situation umzugehen:

1. **Dich bewusst dafür entscheiden und sie akzeptieren.**
2. **Eine Veränderung vornehmen.**
3. **Die Situation verlassen.**

Dies geht nicht immer, doch selbst in Situationen, in denen du ausgeliefert bist und keine Chance hast, zu entkommen, kannst du dennoch darüber entscheiden, wie du die Situation annimmst.

Wenn du dich beschwerst, machst du dir das Leben schwer.

Stell dir vor, du stehst auf der Autobahn in einem Stau. Vor dir ist ein heftiger Unfall passiert und du hast keine Möglichkeit, aus der Situation rauszukommen. Welchen Sinn macht es jetzt, dir auch noch selbst schlechte Laune zu machen? Du wirst ohnehin zu spät zu deinem Termin kommen. Das einzige, was du jetzt noch tun kannst, ist den Menschen, der dich pünktlich erwartet, anzurufen, dass es später wird (Im Idealfall hast du dir allerdings Pufferzeiten eingeplant, so dass du auch da ganz entspannt sein kannst).

Ärger bringt dich deinem Ziel nicht näher. Durch deinen Ärger werden Menschen nicht lernen, besser Auto zu fahren, so dass kein Stau mehr passiert. Durch deinen Ärger wirst du nicht früher an deinem Ziel ankommen, sondern lediglich mit schlechter Laune. Dein Ärger, deine Wut wird diese Welt nicht positiv verändern. Das einzige, was sich verändert, ist deine Laune und die deiner Mitmenschen, die mit dem Thema gar nichts zu tun haben. Wie wäre es, wenn du dir in Zukunft, wenn du merkst, dass der Ärger in dir hochkommt, bewusst vornimmst, es anders zu machen?

Wie wäre es, wenn du dir nicht vom Ärger dein Leben diktieren lässt, sondern ganz bewusst in einen „Gute-Laune-Zyklus" startest?

Bleiben wir beim Beispiel mit dem Stau. Rein rational betrachtet kannst du dieser Situation nicht entkommen, du kannst auch egal, wie clever du bist, nicht eher am Ziel ankommen, weil du von den anderen Autofahrern abhängig bist.

Was du jedoch entscheiden kannst, ist, wie du auf die Situation reagierst. Du könntest ganz entspannt ein Hörbuch hören oder dein Lieblingslied anschmeißen. Du könntest Lächeln und darüber nachdenken, was heute schon alles gut gelaufen ist. Es gibt tausend Wege, gelassen zu bleiben. Was mir persönlich hilft, ist die Überzeugung, dass alles für etwas gut ist.

Es gibt weitere Situationen, in denen Ärger nichts bringt. Wenn du dich über eine andere Person ärgerst zum Beispiel. Dein Ärger, deine Wut wird die andere Person nicht verändern. Die andere Person ist auch nicht der Grund, warum du wütend bist. Ein anderer Mensch in derselben Situation könnte vollkommen gelassen sein. Wir schleppen oft Wut auf andere mit uns herum, die wir vielleicht nie rauslassen konnten, weil wir zum Beispiel ein Kind waren, das, wenn es wütend war, direkt sanktioniert wurde. Wir haben so die Wut unterdrückt und gespeichert und nicht gelernt, unsere Emotionen gesund zu regulieren.

Wenn wir erwachsen sind und selbst entscheiden können, unsere Wut rauszulassen, weil keine Sanktionen mehr drohen, bekommt unser Umfeld sie oft ungebremst zu spüren. Das ist ebenfalls nicht lösungsorientiert und rational vollkommener Schwachsinn, für den Wütenden allerdings vollkommen logisch.

EIN BEISPIEL AUS MEINER COACHINGPRAXIS

Ein Klient Mitte 40 kam auf mich zu und erzählte mir, er stecke in der Ehe-Krise. Seine Frau und er würden nur noch streiten. Er schilderte, dass sie sich lautstark streiten und auch schon mal ein Teller geflogen sei.

Im Coaching stellte sich dann heraus, dass er derjenige war, der zuerst laut wurde und dass er noch jede Menge verdeckte Wut in sich trug, die ihm gar nicht bewusst war.

Nachdem er sich dieser Wut bewusst gestellt und sie rausgelassen hatte, waren die Streits mit seiner Frau nicht sofort vorbei, jedoch waren es fruchtbare Streits, aus denen Lösungen resultierten.

Wut ist etwas, das dir auf deinem Weg zum Erfolg stark im Weg stehen kann.

Verstehe mich richtig, ich will damit nicht sagen, dass du nie wütend sein sollst. Wütend zu sein ist sogar wichtig. Es kommt allerdings auf den Kontext an. Wenn du deinen Partner mit 90 dB anschreist, weil er seine Socken rumliegen lässt, würde ich mal drüber nachdenken, was denn der wirkliche Grund für deine Wut ist. Finde deinen Weg, mit Wut umzugehen. Die Briefübung vom Anfang ist ein wesentlicher Bestandteil, denn hier lässt du deine Wut auf die Vergangenheit los und wirst nicht länger von ihr gesteuert! Es gibt keine Choleriker, wohl aber cholerische Menschen. Niemand ist auf seine Wut festgelegt. Wut ist ein Stilmittel, welches du bewusst einsetzen kannst und ein Marker, der dir zeigt, dass etwas nicht stimmt, sich nicht richtig anfühlt.

Es schreien nur die Menschen, die sonst Angst haben, nicht gehört zu werden. Wenn dich jemand anschreit, bleib ruhig. Zurück schreien, bringt dich deinem Ziel nicht näher. Frag den Menschen freundlich: Warum schreist du jetzt? Warum wirst du laut? Können wir das nicht in normaler Lautstärke klären? So nimmst du dem Wütenden den Wind aus den Segeln.

Streit und Diskussion sind wichtig, doch sie sollten nicht destruktiv vernichtend sein, sondern fruchtbar und lösungsorientiert. Finde deinen eigenen Weg, um mit Wut und Konflikten umzugehen.

STELL DIR DIE FRAGEN

- Würde mich das, worüber ich mich jetzt grade aufrege, in einem Jahr auch noch aufregen?
- Was kann ich dazu beitragen, die Situation positiv zu verändern?
- Wenn ich die Situation nicht ändern kann, wie kann ich wieder in einen Gute-Laune-Zyklus kommen?
- Habe ich verdeckte Wut in mir, die raus muss? (Die Briefübung kann man beliebig oft und in jeder Situation wiederholen.)

DER BOSS NUTZT POSITIVE KAUSALKETTEN

Bei dem Wort Glaube denken viele zuerst an die Kirche. Ich halte das für falsch und trenne Glaube und Kirche strikt voneinander. Ich verstehe durchaus, dass es Menschen gibt, denen das Ausleben ihres Glaubens in einer Kirche Halt und ein positives Lebensgefühl gibt. Bei mir ist es anders. Mich stört der Dogmatismus. Jede Religion will uns in irgendeiner Form vorschreiben, wie wir zu leben haben, predigt uns oft Demut und Kleinheit und bringt durch Kriege und Zerstörung viel Leid in diese Welt.

Nichtsdestotrotz habe ich meinen Glauben. Ich glaube an Gott, an Jesus und an Schutzengel. Ich glaube daran, dass mir vom Universum genau die richtigen Menschen geschickt werden, von denen ich viel lernen kann, wenn ich aufmerksam bin und für die ich ein guter Lehrer sein kann. Aber noch viel wichtiger: Ich glaube ans Schicksal und ich glaube fest daran, dass ALLES im Leben einen Sinn hat, denn was wäre die Alternative? Dass nichts einen Sinn hat? Das wäre doch furchtbar deprimierend.

Nein, ich glaube dadurch nicht, dass alles vorbestimmt ist und wir keine Macht über unser Leben haben. Vielmehr glaube ich, dass alle Schicksale der Menschen miteinander verknüpft sind. Jede einzelne Entscheidung, die du für dich und dein Leben triffst, hat eine Auswirkung auf die gesamte Welt. Das geht doch gar nicht, wirst du sagen, doch es geht …über Kausalketten.

Stell dir einmal vor, du sitzt Samstagnachmittag in deiner Wohnung und denkst „Ich muss noch einkaufen". Gut gelaunt, mit einem Lächeln im Gesicht läufst du los und gehst in den Supermarkt. Du kaufst ein paar Dinge ein, die du brauchst, gehst zur Kasse, stehst 5 Minuten in der Schlange, schenkst der Verkäuferin ein Lächeln und wünscht ihr einen schönen Tag.

Soweit nichts Ungewöhnliches wirst du sagen, jedoch ist es so:

Dadurch, dass du genau um diese Uhrzeit im Supermarkt bist, geht die Person hinter dir in der Schlange eine Minute später aus dem Supermarkt. Dies führt dazu, dass sie eine Minute später losfährt und dadurch nicht in einen Unfall verwickelt wird, der ihr sonst eine Minute früher passiert wäre.

Dadurch, dass du die Kassiererin freundlich angelächelt hast und ihr aus vollem Herzen einen schönen Tag gewünscht hast, macht sie gut gelaunt Feierabend und kauft auf dem Nachhauseweg ein ungeplantes Geschenk für ihre kleine Tochter.

Natürlich geht das ganz auch anders:

Dadurch, dass du dich entschieden hast, eine Minute später loszugehen, kann es dazu führen, dass derjenige hinter dir in einen Unfall verwickelt wird oder einem Menschen nicht begegnet, dem er sonst begegnet wäre. Das Gute ist, dass wir diese weiterreichenden Folgen unseres Handelns nicht kennen. Jedoch können wir trotzdem etwas tun, um positive Kausalketten zu erschaffen und negative zu vermeiden.

Es gibt den positiven Kreis der Kausalkette, aber genauso auch den negativen Kreis.

DIE POSITIVE KAUSALKETTE

Ein Top-Manager geht morgens zum Bäcker, die Bäckerin lächelt ihn an und sucht ihm die besten Brötchen raus, die sie hat und wünsch ihm aufrichtig einen wundervollen Tag.

Der Top- Manager kommt völlig entspannt ins Büro und das erste, was er tut, ist: Er lobt erstmal seinen Teamleiter. Dieser ist völlig überrascht und erfreut von dem tollen Lob. Er geht zu seinem Team und lobt diese ebenfalls und motiviert sie positiv zu Höchstleistungen. Das Team freut sich und pusht sich gegenseitig und fährt nun voller Vorfreude und gut gelaunt zum Kunden. Der Kunde freut sich, so toll und motiviert beraten worden zu sein und kauft.

Hier sind ALLE Gewinner!

Das andere Szenario...

DIE NEGATIVE KAUSALKETTE

Ein Top Manager geht zum Bäcker, die Bäckerin ist mies gelaunt, schenkt ihm kein Lächeln, wirft ihm missmutig ein paar Brötchen in die Tüte und meckert ihn noch an, weil er auf dem falschen Parkplatz steht.

Der Manager kommt in die Firma und das erste, was er macht, ist: Er blafft seinen Teamleiter an, warum er nicht noch bessere Zahlen brächte. Dieser, nun ordentlich unter Druck, geht zu seinem Team und sagt: „Wir brauchen bessere Zahlen, ihr bringt zu wenig Leistung." Das Team bekommt Angst vor Entlassungen und fährt zum Kunden. Der Kunde spürt die Angst und den Missmut und kauft nicht und ärgert sich darüber, überhaupt einen Termin gemacht zu haben.

Du merkst nun, wie wichtig das Handeln einer einzelnen Person ist. Wie wichtig dein Lächeln und deine Worte für die gesamte Welt sind.

Also schenke den Menschen ein Lächeln, wo immer du kannst, spare nicht mit Lob und Komplimenten, sofern sie ehrlich gemeint sind. Mach doch mal einem fremden Menschen ein Kompliment, absichtslos. Sag ihm, er habe schöne Augen, einen tollen Kleidungsstil, was auch immer dir einfällt, und dann gehe weiter. Mache dir immer bewusst: DEIN Lächeln, DEINE Worte, DEINE Entscheidungen und DEINE Taten haben eine Auswirkung auf die gesamte Welt.

Natürlich kann man auch dann einen wundervollen Tag haben, wenn die Bäckerin mies gelaunt die Brötchen rausgibt, dennoch potenziert sich positive Kraft und negative eben auch. Meine Erfahrung: Ein Lächeln und bestimmte Freundlichkeit öffnen Türen, die Griesgrämern verschlossen bleiben!

So nun hast du alle Schritte meines Bosskonzeptes erfolgreich absolviert!

Ich gratuliere dir nun von Herzen zum

BOSS-LEBEN
mit EigenSinn

Damit du auch der Boss deines Lebens bleibst, gebe ich dir noch meine wichtigsten Boss-Regeln mit auf deinen Weg, diese kannst du nach Belieben ergänzen, denn du bist ja nun der Boss. ;)

TEIL 2
DIE BOSS-REGELN

BOSSE HABEN IHRE EIGENEN REGELN

Damit du auch in Zukunft weiter glücklich DEINEN Weg gehst, möchte ich dir noch meine goldenen BOSS-Regeln an die Hand geben.

Jede Regel ist hierbei Nummer 1, da alle Regeln gleich wichtig sind:

BOSS-REGEL 1: ZIEHE DEINE GRENZEN

Andere verstehen deinen (neuen) Weg nicht?

Dann zieh Grenzen, mach ihnen klar, dass DU nun DEINEN Weg gehst und sie das akzeptieren müssen. Mit Grenzen ziehen ist aber auch gemeint, dass du ehrlich bist und sagst, wenn du etwas nicht magst. Hör auf, Dinge hinzunehmen, sag, was du über sie denkst und sag dem Menschen, wenn es dir zu viel wird. Gehe nur zu Veranstaltungen, die du magst. Triff dich nur mit Menschen, die du magst, tue nur die Dinge, die du magst. Schluss mit gefällig sein! Du bist wichtig!

BOSS-REGEL 1: FINDE UND LEBE DEINE WERTE

Bosse haben ihre Werte klar definiert, verteidigen diese und definieren für sich Konsequenzen, sofern jemand diese Werte missachtet.

Sei radikal darin, deine Werte zu leben. Wer dein Wertesystem nicht achtet, hat in deinem Leben nichts verloren.

Meine Werte sind: Ehrlichkeit, Loyalität und dass jeder Mensch für sich selbst die Verantwortung trägt.

BOSS-REGEL 1: DU BIST NICHT SELBSTVERSTÄNDLICH

Du bist ein sehr wertvoller Mensch. Wer dich als Option behandelt und nicht als Priorität, hat in deinem Leben nichts verloren.

Wer nicht versteht, dass Zeit das wertvollste Geschenk ist, was du machen kannst, dem solltest du dieses wertvolle Geschenk nicht machen.

BOSS-REGEL 1: ENTSCHEIDE DICH, GLÜCKLICH ZU SEIN

Viele denken, glücklich zu sein, sei ein erreichbares Ziel. Das ist vollkommener Bullshit. Glücklich zu sein ist eine Entscheidung, nicht mehr und nicht weniger. Und du kannst jeden Tag neu entscheiden. Bei einem BOSS ist das Glas immer halb voll. Es kommt allein auf deine Perspektive an. Also triff die Entscheidung für DICH!

BOSS-REGEL 1: VERLIERER HABEN KEINEN PLATZ IN DEINEM LEBEN

Die Menschen, die dir den ganzen Tag erzählen, was für ein erbärmliches Leben sie haben und wie schlecht die Welt zu ihnen ist, und die auch nach deinen guten Tipps und Tricks immer in ihrer Tretmühle bleiben, sind nicht dein Problem!

Versteh mich dabei richtig, es geht nicht darum, sich nur um sein Ego und seine Ziele zu kümmern, sondern es geht darum, den richtigen Menschen zu helfen, denen, die bereit sind, Hilfe anzunehmen. Es macht keinen Sinn, Zeit in Menschen zu investieren, die das nicht sind. Für beide Seiten nicht. Durch deine Aufmerksamkeit für ihren Stillstand raubst du ihnen die Chance, über sich hinaus zu wachsen, und sie rauben dir Energie, Nerven und Zeit.

BOSS-REGEL 1: I TELL YOU WHAT I WANT

Ein Boss sagt immer, was er will und was er nicht will. Du bist es wert, deine Bedürfnisse und Wünsche zu äußern, jederzeit. Das klingt leichter als es ist, da wir durch gesellschaftliche Normen und Zwänge darauf konditioniert sind, die Bedürfnisse anderer über unsere eigenen zu stellen, um sich sozial erwünscht zu verhalten. Überlege dir einfach bei allem, was du tust:

WILL ich das?
Will **ICH** das?
Will ich **DAS**?

Das kann sehr stark helfen und wenn du dann weißt, was du willst, äußere es konkret. Nur wenn du sagst, was du willst, können andere für sich entscheiden, ob sie es auch wollen. Beispiel: Du kannst deinem Partner versteckte, kryptische Hinweise geben oder aber du sagst frei heraus, dass du gern mal gemeinsam Essen gehen willst.

BOSS-REGEL 1: SEI FREUNDLICH – AUCH ZU DEINEN FEINDEN

Für einen Boss ist Freundlichkeit keine Serviceleistung, sondern Lebenseinstellung. Du wirst sehen: Freundlichkeit und ein Lächeln bringt dich immer weiter. Und wenn der andere nicht zurücklächelt – so what! Damit ist nicht gemeint, dass du dir alles gefallen lässt und zu allem mit einem Lächeln „Ja" sagst. Es ist gemeint, dass du auch mit einem Lächeln „Nein, vielen Dank" sagen kannst.

Wenn du lächelst, macht das etwas mit dir. Du hast die Macht über deine Stimmung und die Situation. Egal wie blöd dir jemand kommt, lächle und stehe drüber! Das Verhalten deines Gegenübers sagt viel mehr über ihn aus als über dich.

Haters gonna hate. Das wirst du nie ändern.

Doch du kannst entscheiden, wie du damit umgehst.

Das hast du noch nie versucht? Mach's mal! Es lohnt sich!

BOSS-REGEL 1: INVEST IN YOURSELF

Das beste Investment, das du machen kannst, ist in dich selbst. Ich sage hier nicht, dass du mich als Coach buchen, oder meine Bücher lesen sollst.

Nein, ich sage dir: Arbeite kontinuierlich an dir, eigne dir Wissen durch Lesen oder das Hören von Audiobooks an. Besuche Seminare zur Persönlichkeitsentwicklung, mache Workshops und habe immer das Ziel, die beste Version deiner Selbst zu werden.

BOSS-REGEL 1: RAUS AUS DER KOMFORTZONE

Mache einmal pro Monat etwas Neues, etwas, das du noch nie vorher getan hast. Am besten etwas, wovor du normalerweise Angst hast, etwas, das dir nicht so leichtfällt. Du wirst merken, die Dinge, die dir Angst machen, werden kontinuierlich weniger und eines Tages kommst du an den Punkt, an dem du nur noch sagst: „Why not…?"

BOSS-REGEL 1: DU BIST DEIN BESTER BERATER

Deine Intuition zeigt dir genau, ob du grade richtig oder falsch läufst. Nimm dir einmal die Woche Zeit für dich und höre, was DU dir zu sagen hast.

Die wichtigsten Fragen, die du dir dabei stellen kannst: Wenn ich morgen sterben würde, würde ich meine Zeit genauso verbringen wie ich es grade tue…?

Was würde ich tun, wenn ich im Lotto gewinnen würde? Würde ich dann auch dieses Leben führen?

BOSS-REGEL 1: FOKUS AUF DEINE ZIELE

Visualisiere deine Ziele regelmäßig und habe den täglichen Fokus auf deinen Zielen.

BOSS-REGEL 1: SEI DANKBAR

Ein Boss ist immer dankbar für das, was er schon hat. Dass er gesund ist, dass er lebt, dass er eine tolle Familie hat, ein warmes Zuhause und was zu essen. Er ist anderen Menschen dankbar, wenn sie ihm ihre Zeit schenken, wenn sie ihm wertvolle Worte und Impulse schenken.

BOSS-REGEL 1: EAT WHAT YOU NEED

Dein Körper weiß immer, was er braucht. Auf Grund des Überangebotes und der vielen Verlockungen haben wir verlernt, ihm zuzuhören, doch das kannst du wieder lernen. Setze dich hin und konzentriere dich: Was willst du sssen, Fisch, Fleisch, Gemüse? Das intuitive Essen erfordert Training. Am Anfang spielt dein innerer Schweinehund gerne Spielchen mit dir und behauptet felsenfest, dass Marshmallows oder Fastfood aus dem Imperium jetzt absolut das ist, was dein Körper braucht. Das wirst du erkennen.

BOSS-REGEL 1: DATE MIT DIR

Date dich selbst, regelmäßig. Verbringe Zeit mit dir. Das klingt erstmal völlig absurd, ist aber unglaublich cool, wenn man sich erstmal überwunden hat. Bist du schon mal mit dir selbst essen gegangen? Mit dir selbst in den Urlaub gefahren? Mit dir selbst ins Kino gegangen? Allein mit sich sein können, ist eine große Stärke, die jeder Boss in sich trägt.

BOSS-REGEL 1: HILF ANDEREN DABEI, ERFOLGREICH ZU WERDEN

Ein Boss hilft immer auch anderen dabei, erfolgreich zu werden, weil er erkannt hat, dass das der Weg zum Erfolg ist.

Verstehe, dass du nie allein erfolgreich bist und es Menschen gibt, die dich gefordert und gefördert haben. Umso wichtiger ist es, diese Unterstützung wieder an Menschen zurückzugeben, die Potenzial haben und lösungs- und zielorientiert sind. Mit anderen deine Erfahrung zu teilen, der Erfolgskompass zu sein und Erfolgsgeschichten mitzugestalten, macht nicht nur viel Spaß, sondern hilft dir ebenfalls. Gerade den Menschen etwas zurückzugeben, die nicht das Privileg haben in dem Luxus zu leben, den wir hier in Europa haben. Oder etwas für diese Welt zu tun.

Das sind meine Grundregeln für ein Leben als BOSS. Ergänze und verändere diese Liste bitte mit und nach deinen eigenen Regeln. Sie dienen nur als Anreiz, denn DU bist der Boss DEINES Lebens!

BONUS-TRACK: WERDE ZUM INSPIRATOR

Viele Menschen haben Idole.

Das können als Teenager die Beatles oder Backstreetboys gewesen sein, genauso können Idole Menschen sein, die besondere Dinge erreicht haben, wie Steve Jobs oder Elon Musk, Mahatma Ghandi oder der Dalai Lama, Walt Disney oder der Gründer von KFC, Vorbilder, an denen wir uns orientieren.

Es lohnt sich durchaus zu schauen, was hinter dieser Faszination steht.

Schauen wir uns an, warum man jemanden als Idol, als Vorbild nimmt. Was ist es eigentlich genau, was uns an Idolen fasziniert?

Mein Idol war lange Zeit Udo Lindenberg. Mein Mann fand das zeitweise sehr amüsant und sagte immer: „Du mit deiner Udomanie."

Und er hatte Recht. Ich war unendlich fasziniert, ich sog alles auf, was Udo sagte, war sein wahrscheinlich treuester Follower bei Facebook. Ich habe im Atlantik Kempinski übernachtet, in der Hoffnung, ihm nachts im Hotelflur zu begegnen, ihm Briefe geschrieben, war an seinem Geburtstag zu Gast in der Panikcity. Völlig verrückt! Ich wollte ihn unbedingt persönlich kennenlernen.

Doch dann erkannte ich, dass hinter dieser Verehrung ein Wunsch von mir steckte. Der Wunsch, selbst auf der Bühne des Lebens zu stehen, der Wunsch, selbst die Regie über das eigene Leben zu haben, der Wunsch, den Mut zu haben, zu 100% ich zu sein, ohne Kompromisse, so verrückt es auch sein mag.

Mich nicht mehr der Norm zu unterwerfen, mir keine Gedanken zu machen, was andere von mir denken. Einfach ich zu sein. Kristin.

Lieber Udo, versteh mich richtig, du bist für mich immer noch einer der fantastonautischsten Menschen in diesem Universum und ich freue mich immer noch wahnsinnig drauf, dich, wenn die Zeit gekommen ist, zu treffen und deine Musik liebe ich nach wie vor abgöttisch, weil sie so einzigartig eigenSinnig ist. Doch ich habe nun den Udo in mir gefunden. Du wirst verstehen, was ich damit meine.

Überlege mal, welche Idole du hast und was du an ihnen schätzt. Meistens sind es doch die brillanten, verrückten Köpfe, die wir verehren und nicht die Norm. Trau dich selbst, ein solches Idol zu sein. Trau dich, anders zu denken als andere. Wenn wir immer nur auf andere schauen, können wir niemals besser werden. Konzentriere dich nicht auf deinen Wettbewerb, konzentriere dich auf deine Stärken.

Welche Menschen bewunderst du?

Was ist es genau, was dich an ihnen fasziniert?

WER BIN ICH UND WAS IST MEIN EIGENSINN?

DAS BIN ICH

Über sich selbst zu schreiben ist als Autor und Coach wohl die größte Herausforderung. Eine Herausforderung, der ich mich gern stelle, denn, wie ich sehe, möchtest du mich kennenlernen. Das freut mich sehr!

Ich bin Kristin und ich passe in keine Schublade. Egal, wie sehr du dich bemühst, mich in eine zu stecken, du wirst sie niemals schließen können. Ich habe unendlich viele Facetten und Gegensätze in mir. Mein Superhelden-Name wäre „Lady Ambivalent".

Ich liebe Udo Lindenberg und Rock'n'Roll. Gleichzeitig weiß ich im richtigen Moment ein gutes Stück Klassik zu schätzen. Lederjacken trage ich genauso gern wie einen edlen Business-Look. Ich bin, glaube ich, der ungeduldigste Mensch auf diesem Planeten. Gleichzeitig habe ich eine große Gelassenheit in mir und nehme Dinge nicht persönlich.

Du kannst mit mir erwachsene und tiefgründige Gespräche führen und direkt im Anschluss mit dem verspielten kleinen Mädchen in mir Quatsch machen und über verrückten Unsinn lachen. Ich liebe das Meer. Ich mag das Rauschen der Wellen. Gleichzeitig liebe ich das Gefühl, Berge zu erklimmen. Ich liebe gute Gespräche genauso wie gemütliches Schweigen. Ich mag ehrliche Umarmungen. Ich mag die Farbe Pink genauso gern wie Schwarz! Ich mag Ruhe. Ich bin gern allein und gleichzeitig liebe ich es, mit Menschen zusammen zu sein.

Ich bin eine high sensitive Person, sprich ich bin hochsensibel. Das bedeutet, dass ich Dinge bei Menschen spüre, die sie nicht aussprechen. Ich bin in Menschengruppen oft überfordert, da ich mehr wahrnehme als andere. Ich bin über das normale Maß hinaus empathisch. Einer Beerdigung beizuwohnen, ist für mich beispielsweise nur schwer möglich, da ich dann die Trauer der anderen sehr intensiv mitfühle. Ich weine bei jeder Hochzeit, aber dort sind es Glückstränen, von daher ist das gut auszuhalten.

Ich habe sehr feine Antennen. Ich kann nicht gut durch Bahnhöfe gehen, da die vielen Reize mich überfordern.

Doch diese Highsensitvity hat auch eine sehr positive Seite. Als Coach sehe ich schneller als andere die tiefliegenden Probleme. Dadurch, dass ich Dinge wahrnehme, die meine Klienten noch nicht aussprechen können, kommen wir sehr schnell zum Kern des Problems und können gemeinsam nachhaltige Lösungen entwickeln. So kann ich schneller und nachhaltiger arbeiten.

Ich interessiere mich für Menschen und für das, was sie bewegt. Ich halte mich fern von Jammerern und feiere Menschen, die vorwärts denken. Ich ziehe Spaghetti Kaviar vor. Ich mag High Heels und Sneaker. Ich tanze gern. Ich liebe Reisen und entdecke gern die Welt. Menschen manipulieren halte ich für falsch. Ich l(i)ebe Ehrlichkeit. Lieber eine unangenehme Wahrheit, als eine schön bunt angemalte Lüge. Ich bin unfassbar dankbar für alles, was ich bis zum heutigen Tag erleben und durchleben durfte. Ich glaube daran, dass alles, was im Leben passiert, einen Sinn hat. Auch wenn wir diesen oft erst später erkennen. Ich bin hoffnungslose Optimistin, immer und überall. Ich liebe mich und bin dabei nicht selbstverliebt.

Für mich zählen keine Titel, sondern Menschen. Ich duze Menschen gern, weil das für mich bedeutet, sich auf Augenhöhe von Mensch zu Mensch zu begegnen. Solltest du mich also mal auf der Straße treffen, duze mich sehr gern!

MEIN EIGENSINN

Der Grund, warum ich jeden Morgen aufstehe, ist, ich möchte Freude in die Welt transportieren. Ich will Menschen dazu inspirieren, ihren EigenSinn zu entdecken und den Mut zu haben, diesen EigenSinn mit voller Kraft zu leben.

Das Lächeln der Menschen und das Strahlen in den Augen nach dem Coaching oder beim Lesen dieses Buches ist das, was meinem Leben Sinn verleiht.

TEIL 3
DER ROTE FADEN DES ERFOLGS

7 ENTSCHEIDENDE SCHRITTE

In diesem Kapitel möchte ich die Quintessenz des Erfolges herauskristallisieren, den roten Faden des Erfolgs definieren. Ich habe mich bewusst dafür entschieden, dir hiermit gleichzeitig den Beweis dafür zu liefern, dass es entscheidend ist, an sich und seine Idee zu glauben und NICHTS unmöglich ist, wenn du wirklich alles gibst!

Bevor ich mit der Arbeit an diesem Buch begann, führte ich ein komplett anderes Leben. Ich kannte keine Geschäftsführer, keine Vorstände, geschweige denn prominente Personen. Dann habe ich mein Bosskonzept entwickelt und der erste Mensch, an dem ich es getestet habe, war ich selbst. Ich habe in kürzester Zeit mein Leben komplett verändert. Ich habe begonnen, die Verantwortung für mein Leben und meine Vision zu übernehmen. Ich habe mein Einkommen verdoppelt, ich habe die Beziehung beendet, die mich so lange gebremst und blockiert hatte, und ich habe begonnen, dieses Buch zu schreiben, um anderen Menschen dabei zu helfen, der Boss ihres eigenen Lebens zu werden.

Ich bin davon überzeugt, dass es einen roten Faden für Erfolg gibt. Um diesen sichtbar zu machen, habe ich Gespräche mit erfolgreichen Menschen geführt. Alle Interviewpartner, die hier zu Wort kommen, habe ich selbst davon überzeugt, mich bei meinem Bosskonzept zu unterstützen. Das war eine spannende Reise, auf der ich viele tolle, inspirierende Menschen kennengelernt habe. Natürlich habe ich hierbei auch Rückschläge und Ablehnung erlebt, was zeitweise sehr hart war. Aber NICHTS und NIEMAND konnte mich von meinem Vorhaben abbringen.
Bitte beachte, dies ist keine wissenschaftliche Studie! Das, was nun folgt, sind meine Beobachtungen und Interpretationen der Antworten meiner Gesprächspartner. Und die sind hochspannend! Denn die Quintessenz ist:

Erfolg ist möglich. Erfolg ist lernbar. Erfolg ist das, was du draus machst.

Entscheidend ist die Geisteshaltung, die hinter Erfolg steht. Welche Geisteshaltung für deinen Erfolg wichtig ist, zeige ich dir jetzt.

AM ANFANG STEHT DIE HALTUNG

„Glück liegt jenseits von Gedanken. Verstehen ist der Trostpreis." Ein Satz über den ich erst mal nachdenken musste und der mich mit der Zeit immer mehr und mehr fasziniert hat. Diese Aussage von Benjamin Adrion sagt so viel. Es geht nicht um das Denken, es geht um das Sein. Jetzt in diesem Moment. Auf der Suche nach Glück und Erfolg ist es wichtig, zunächst bei sich selbst zu beginnen, weiß Werner zu Jeddeloh: „Ich denke, dass glücklich sein eine Geisteshaltung sein kann. Die positive Haltung zu Dingen / positiv denken. Ich versuche, mir bewusst Dinge zu (er-)schaffen, über die ich mich besonders freue." Und er liegt damit genau richtig.

Die Haltung scheint ausschlaggebend für jede Art von Glück. Wenn ich nicht mit einer positiven Grundhaltung in den Tag oder generell in mein Leben starte, kann ich vielleicht einige berufliche oder finanzielle Erfolge einfahren, glücklich werde ich jedoch nicht. Hannes Holzmann findet, „glücklich ist nur, wer auch glücklich sein will – klingt banaler als es ist".

Dr. Thomas Vollmoeller beschreibt das ähnlich: „Erfolg resultiert für mich aus einer positiven Grundstimmung, verbunden mit Toleranz und Offenheit, eine Kombination aus Kopf und Bauch, Gelassenheit, Freunde als Reflexionspartner. Und daraus ein gesundes Leben führen." Und auch Bodo Janssen, der sich intensiv mit sich selbst und seiner Haltung beschäftigt hat, kommt zu dem Schluss: „Das Heil dieser Welt liegt nicht in neuen Methoden, sondern in einer neuen Gesinnung (abgeleitet von Albert Schweizer). Das heißt, dass wir uns weniger mit neuen Methoden beschäftigen sollten, sondern dass es letztendlich egal ist, was wir tun. Es kommt auf die Haltung an, mit welcher Gesinnung wir etwas tun. Tun wir etwas für den Menschen, für die Umwelt oder tun wir etwas nur für uns, um uns zu bereichern. Es ist letztendlich egal, was wir tun, wenn die Haltung passt, ist alles erlaubt, oder vieles erlaubt."

Moses Pelham formuliert es kurz und knackig: „Es ist möglich, wenn deine Träume gerecht sind."

Die positive Grundhaltung bezieht sich also nicht nur auf uns selbst und die Menschen, die wir lieben. Idealerweise stehen wir allen Menschen und unserer Umwelt positiv und wohlwollend gegenüber.

Thomas Rogel ist es wichtig, „persönlich glücklich zu werden, ohne jemand anderem zu schaden." Und für Andreas Ernst erfüllt „das Streben nach Glück und Zufriedenheit mit anderen Menschen" sein Leben. Benjamin Adrion geht hier sogar noch einen Schritt weiter, der Sinn des Lebens ist für ihn, „so gut wie es geht glücklich zu sein und das Leben zu genießen. Ich glaube, das geht am besten, indem man versucht, die Motivation zu kultivieren, zu jedem Zeitpunkt möglichst vielen Menschen wirklich langfristiges Glück zu bescheren. Ich denke, das ist der Schlüssel zum eigenen Glück."

Was rät man also jemandem, der unglücklich ist? Moses Pelham bringt es erneut auf den Punkt: „Dass sie etwas ändern sollten, vielleicht ihre Perspektive." Sein Tipp: „Frohen Mutes zu sein. Ohne Angst. Mit Hoffnung. In Liebe."

In allen Interviews hat sich gezeigt, dass es nicht die materiellen

Dinge sind, die für meinen Boss-Clan zählen, sondern Werte wie Familie, Freunde, Partner, Kinder, Berufung. Diese Punkte waren für alle entscheidend. Andreas Kluge antwortete auf die Frage nach seinem größten Erfolg: „Dass ich die Frau bekommen habe, die ich wollte!" Und auch Ilka Groenewold nennt als größten Erfolg den Heiratsantrag, den sie kürzlich bekam.

Im Folgenden findest du sieben Punkte, die genau das Thema Haltung nochmal differenzierter beschreiben.

1 # GLAUBE! AN DICH UND DEINE IDEE, AN DAS GUTE, AN GOTT.

Der erste Schritt zum Erfolg ist zu glauben. Zunächst an dich selbst! Daran, dass du es schaffen kannst, deinen Traum zu verwirklichen. Darüber hinaus kann es sehr hilfreich sein, auch noch an ein paar andere Dinge zu glauben. Die Haltung und der Glaube gehen weite Strecken Hand in Hand.

Gut erkennen kann man das in der Schilderung Bodo Janssens: „Ich glaube, dass der Glaube das Wissen sinnvoll ergänzt. Wenn Menschen Angst haben, liegt das ja ganz häufig in einer Unklarheit. Die kennen sich nicht, die haben kein Selbstvertrauen und das macht ihnen Angst. Sie wissen nicht, wofür sie stehen. Und es gibt das große Geheimnis, das große Ganze, was ich nicht erfassen kann. Der Heilige Geist. Ich glaube, dass dort der Glaube anfängt. Ich glaube, dass der Glaube daran, dass etwas geschieht, etwas gelingt, Menschen sehr helfen kann.

Ich kann dir ein ganz konkretes Beispiel geben: Meine Eltern sind Unternehmer gewesen. Ich habe vielleicht als Kind nicht die

Aufmerksamkeit bekommen, die ein Kind in einer Familie, in der die Eltern einen geregelteren Ablauf hatten, bekam. Ich war sehr auf mich selbst gestellt, hatte viel Freiraum, konnte mich viel entfalten.

Jetzt gibt's ja zwei Möglichkeiten damit umzugehen. Ich kann einmal sagen: Ich glaube, dass meine Eltern andere Prioritäten gesetzt haben und ihnen andere Dinge wichtiger waren, wie z.B. das Unternehmen, als sich mit mir zu beschäftigen. Oder aber ich kann sagen: Ich glaube, dass meine Eltern das vollste Vertrauen in mich haben und mir die Liebe geschenkt haben und mir damit überhaupt ein Lebensvertrauen ermöglicht haben. Sie haben mir bewusst den Freiraum gelassen, mich so zu entfalten, wie ich mich entfalten möchte.

Ich werde ja nie erfahren, wie es tatsächlich ist. Aber ich kann für mich selbst eine Entscheidung treffen. Ich habe mich dafür entschieden, zu sagen: Meine Eltern haben mir ein bedingungsloses Vertrauen entgegengebracht und ich hatte immer die Möglichkeit, selbst eine Entscheidung zu treffen. Das ist mein Glaube, ob es so ist, weiß ich nicht. Da spielt Glaube eine ganz wichtige Rolle. Und auch die Perspektive, wie man auf Dinge drauf schaut.

Der Glaube schafft eine Klarheit für einen ganz persönlich, wo das Wissen nicht hinreicht. Das ist ja wie eine Entscheidung. Rein rational kann ich nicht wissen, ob es so oder so ist. Aber mit dem Glauben treffe ich eine Entscheidung, die mir Klarheit verschafft. Ich glaube das es so ist, und damit gebe ich mir Sicherheit und Ruhe. Und nehme mir ein Stück weit auch die Angst vor dieser Unklarheit, denn Unklarheit ist immer etwas, das Angst erzeugt.

Vielleicht kann man es auch so sagen: Glaube schafft dort Klarheit, wo das Wissen aufhört."

Auch Hannes Holzmann berichtet von seiner spirituellen Seite: „Ich bin kein Fan von Religion, aber eine gewisse - nennen wir es Spiritualität - kann hilfreich sein. So bin ich zum Beispiel der Meinung, dass geliebte, verstorbene, Menschen nicht ‚weg' sind. Ob es ein Leben nach dem Tod gibt, oder ob Seelen ‚Spuren' im Universum hinterlassen, die nachwirken, oder sonst etwas für unser heutiges Wissen Unbegreifliches – das weiß kein Mensch. Und darüber lasse ich mir auch von niemandem etwas erzählen, der behauptet, er wüsste Bescheid. Aber dieser Glaube hilft mir!" Etwas pragmatischer formuliert es Dr. Karl Pall: „Wenn das Schicksal die Tür zuschlägt, geht irgendwo ein Fenster auf."

Glaube ist also wichtig. Sehr wichtig. Was bedeutet das nun genau für deinen Traum, für deinen Erfolg? Ganz klar: Glaube an dich und deine Idee – zu 150%!

„Go for it! Es ist nicht sicher, dass du es schaffst, aber wenn du es nicht versuchst, wirst du das nie herausfinden", sagt Hannes Holzmann. Du hast dein WHY gefunden und deine Vision gezeichnet, dann brauchst du jetzt noch eins: den Glauben an dich und deine Idee. Ohne ihn ist jede Vision wertlos. Du kannst andere nur anzünden, wenn du selbst für dich und deine Idee brennst.

Stefan Tilk rät: „Wenn du das Feuer in dir hast und die Vision spürst, dann mach das und folge deinem Bauch. Behalte jedoch immer deinen Verstand dabei. Er hilft dir, deinen Bauch in bestimmten Situationen zu bestätigen. Folge dem Gedanken, solange du an ihn glaubst. Lass dich nicht abbringen, auch wenn du mal ein Stück zurückfahren musst."

Auch Stefan Stuckmann rät, darüber nachzudenken, ob der Traum vielleicht nicht für einen ganz anderen Wunsch steht: „Ich dachte immer, mein größter Traum sei, eine eigene Serie zu machen. Inzwischen habe ich verstanden: Mein größter Traum ist es, so unabhängig wie möglich meine Ideen zu verwirklichen, und dabei trotzdem noch Geld zu verdienen."

Moses Pelham ist sich sicher, dass du deine Träume realisieren kannst, „wenn sie gerecht sind". Ob das stimmt, findest du nur raus, wenn du es versuchst. Wichtig ist, dass du an deine Idee glaubst. Egal wer dir sagt, dass es unmöglich ist, du sagst: „Ich habe den Mut! Jetzt erst Recht!"

Das Leben wird dich regelmäßig testen, ob du wirklich an deine Idee glaubst. Du schaffst es nur dann, wenn du wirklich und mit ganzem Herzen bei deiner Idee bist. Gleichzeitig bist du deiner Idee nicht dein ganzes Leben lang verpflichtet. Stefan Tilk weiß: „Wenn du merkst, dass es nicht funktioniert, dann habe den Mut, es zu stoppen und zu sagen, ich bin nicht meine Leben lang auf diese eine Vision festgelegt. Dann wartet eine neue Vision auf dich!"

2 # DO IT! – NUR BEGINNER WERDEN GEWINNER

Das, was Erfolgreiche von anderen unterscheidet, ist, dass sie es einfach tun. Sie fangen einfach an und passen ihre Strategie, sollte etwas nicht funktionieren, kontinuierlich an. Wenn du deine Idee nur Idee sein lässt, viel darüber sprichst, aber dich nicht klar dafür entscheidest und nichts tust, um diese Idee umzusetzen, wirst du keinen Erfolg haben.

„Machen! Ausprobieren! Unbedingt!", rät Andreas Ernst. „Es ist toll, wenn jemand so einen großen Traum hat. Ich für mich habe immer mehrere Träume gehabt und habe auch heute immer noch neue Themen und Dinge, die mich interessieren. Aber wer so eine visionäre Kraft in sich spürt oder so ein klares Bild vor Augen hat, was er machen oder erreichen möchte, der sollte es in jedem Falle ausprobieren und alles daransetzen. Ich würde aber auch sagen: Wenn man merkt, dass es dieser Traum doch nicht war, dann kann es auch der nächste Traum sein. Jeder Mensch kann sich glücklich schätzen, der eine fantasievolle und kreative Kraft in sich hat, die ihm sagt, wo er hingehört und was er besonders gut kann." Und Andreas Friesch weiß: „Die meisten Erfolgskonzepte scheitern an der Umsetzung. Dabei ist die Umsetzung das Wichtige. Oft gehört auch Mut dazu, die Entscheidung zu realisieren. Trotz vieler Powerpoint-Präsentationen und Analysen kennst du das Ergebnis vorher nicht. Niemand weiß vorher wirklich genau, ob eine Entscheidung richtig oder falsch ist. Doch ein Plan ohne Umsetzung, ist wie ein Rennauto, das nicht gefahren wird."

Neben Mut brauchst du Ausdauer, weiß Christoph Metzelder: „Die Umsetzung ist deutlich schwieriger, da sie mit vielen Rückschlägen verbunden ist und man echt hart daran arbeiten muss, diesen Traum zu erreichen." Doch: „Mach es, mach es einfach! Tu alles dafür, und dann wird es auch laufen. Es wird vielleicht nicht immer so laufen, wie man sich das vorstellt, aber es läuft und wenn du das machst, was du willst, funktioniert es auch. Irgendwie", rät Sabrina Didschuneit. „Das Maximum, was dir weh tun kann, ist die Millisekunde, wo einer ‚Nein' sagt. Das ist das Einzige, was du verlieren kannst", meint auch Ralf Strauß.

Auch wenn deine Idee nicht zu 100% ausgereift ist, fang an! Lieber unperfekt starten, als perfekt zu zögern. Das sieht auch Hennes Bender so: „Das Wissen, dass gerade in der darstellenden Kunst nicht alles perfekt sein kann/muss, gehört zu den wichtigsten Erkenntnissen meines Lebens."

Michael Holtschulte meint: „Einfach machen, nicht drumrumlabern, sondern MACHEN - als Quintessenz. Wer das nicht annimmt und ständig jeden Satz mit ‚aber' anfängt, warum es irgendwelche Gründe gibt, warum etwas grade nicht geht. Der will das auch nicht wirklich. Es ist eine Frage der Disziplin und des Wollens. Ich habe kein Verständnis dafür, wenn man im Grunde genommen sagt, „ja aber ich muss mich abends entspannen, ich habe einen anstrengenden Job." Nein. Wenn man was wirklich will, macht man das genauso wie, dass man sich vor die Playstation setzt und zockt. Dann macht man das, was man wirklich möchte, da gibt es dann kein entweder oder." Dann zitiert er noch den großen Yedi-Meister Yoda: „Nicht versuchen! Tu es. Oder tu es nicht." Werner zu Jeddeloh sagt es kurz: „Erlebe den Tag! Wenn du nur herumsitzt und nichts tust, wird sich nichts verändern!"

Diese Meinung teilt auch Andreas Kluge: „Tu´s doch! Zögere nicht, sondern mach es, sonst wirst du ihn nie leben, deinen Traum." Das sieht Ilka Groenewold ähnlich: „Ja! Tu es! Tu es! Tu es endlich!

Man erlebt so viele Menschen in seinem Umfeld, die einfach nur Dinge tun, weil man sie so macht. Oder einen Job ausüben, weil er Sicherheit mit sich bringt. Ich sag: Nein! Mach das, worauf du Bock hast und wenn du wirklich voller Leidenschaft dahinterstehst, wirst du auch eine Resonanz erfahren und wirst erfolgreich sein und wirst deinen Traum verwirklichen.

Also: LEB DEINEN TRAUM."

Für Eva Kündig ist entscheidend, dass du dir selbst vertraust, daher rät sie dir: „Mach es! Freue dich drauf, was entstehen kann. Du wirst überrascht sein! Vertraue dir!"

Wolfgang Grupp beschreibt sein Erfolgsrezept so: „Ich erledige meine Aufgaben gewissenhaft und versuche dabei schnell zu entscheiden. Nicht-Entscheiden kostet zu viel Zeit. Wenn ich konstant Probleme vor mir herschiebe, dann kann ich nicht glücklich sein. Dann wird das Leben immer problematisch. Je mehr ich entscheide und Dinge erledige und wegarbeite, desto freier bin ich und kann auch glücklich sein."

Das Fazit lautet also:

„Es gibt nichts Gutes, außer man tut es!", sagte schon Erich Kästner. Benjamin Adrion sieht es ähnlich, er sagt dir, wenn du deine Vision gefunden hast: „Herzlichen Glückwunsch. Voll gut. Fang an!" Und auch Ralf Strauß hat Recht, wenn er sagt: „It's up to you!" Dr. Karl Pall ruft dir zu: „Tu es doch endlich!" Laia Gonzalez fragt dich: „Worauf wartest du? Was hält dich auf? Mach es einfach. Fang mit dem ersten Schritt an, die weiteren folgen!"

3 # AUTHENTIZITÄT – FINDE HERAUS, WER DU BIST, WAS DU KANNST UND WAS DU WILLST!

Christoph Metzelder sprach in unserem Interview die weisen Worte: „Orientierung ist wichtig, für dich selbst zu erkennen, was du gern machst, in welchem Bereich du gut bist. Meine tiefe Überzeugung ist, dass jeder Mensch etwas besonders gut kann. Es muss dabei nicht jeder ein toller Fußballer oder Sänger sein. Auch mit alten Menschen oder Kindern umzugehen, ein Handwerk zu beherrschen, ist ein Talent. Wenn du das für dich gefunden hast, bleib dran und sei bereit, alles zu investieren!"

Wolfgang Grupp sieht das genauso: „Die Menschen müssen wissen, was sie wollen. Jeder Mensch muss selbst spüren, was seinen Fähigkeiten entspricht." Und er rät: „Seien Sie ehrlich und anständig in Ihrem Handeln."

Für Andreas Friesch ist der Thermomix kein Produkt, sondern ein Lebensgefühl. „Authentischsein ist entscheidend für den Erfolg." Er weiß: „Wir leben die Begeisterung für den Thermomix zu Hause genauso wie in der Firma! Die Begeisterung, die man lebt, spüren andere Menschen und lassen sich anstecken. Dann kommt der Erfolg von ganz alleine."

Bodo Janssen hat zum Thema Authentizität einiges zu sagen. Für ihn geht es darum, aus welchen Gründen jemand handelt. Er unterscheidet in Ego-Quelle und Sinnhaftigkeit: „Und dann ist halt die Frage, aus welcher Quelle schöpfe ich. Aus dieser Ego-Quelle tue ich etwas aus Angst davor, nicht anerkannt, geliebt und gebraucht zu werden. Oder mache ich etwas aus der eigenen Wahrheit, das, von dem ich glaube, dass es sinnvoll ist." Sich diese

Frage zu stellen, ist wichtig. „Wenn ich aus einer Angst heraus handle, nicht anerkannt, nicht geliebt, nicht gebraucht, zu werden, dann ist die Anstrengung sehr groß und das ist alles sehr erschöpfend. Und wenn ich aus dem Selbst heraus handele, mich für das einsetze, von dem ich glaube, dass es wirklich sinnvoll ist, sich dafür einzusetzen, dann ist die Wahrscheinlichkeit, dass ich mich darüber erschöpfe, dauerhaft gar nicht so groß." Die Erklärung dafür ist simpel: „Es gibt zwei Grundlagen, aus denen heraus ich handeln kann. Die eine ist Angst, die andere ist Liebe. Das eine trennt und das andere verbindet." Und weiter: „Mache ich etwas aus Prestige, Anerkennung oder mache ich etwas aus Gründen, weil ich es als wirklich sinnvoll erachte. Das ist für mich so ein ganz prägnantes Beispiel, wenn ich aus Gründen des Prestiges arbeite, ist es eben anstrengend und wenn ich wirklich in diesen sinnvollen Themen bleibe, dann ist es nicht anstrengend.

Das Streben nach Prestige ist ja letztendlich wie Salzwasser trinken, das bringt einem gar nichts. Damit versuche ich ja nur mein irgendwo im Rahmen meiner Sozialisierung und Erziehung auf der Strecke gebliebenes Selbstwertgefühl aufzuwerten, vorrübergehend. Die Aufwertung erfolgt dann wieder nur für kurze Zeit und dann brauche ich das nächste. Das ist genau wie mit den materiellen Dingen. Das neue Auto - drei Monate bin ich zufrieden und glücklich, weil ich ein neues Auto habe und dann wird es schon wieder zur Gewohnheit. Genauso ist es mit dem Selbstwertgefühl. Da bekomme ich für einen Moment wie so ein Rockstar auf der Bühne die Anerkennung, die mir guttut. Aber wehe dem, das lässt das irgendwann nach, dann brauche ich schon den nächsten Kick. Und das ist dann eben dieses höher schneller weiter, diese Wachstumsabhängigkeit, von diesen Dingen, die eher dem Ego guttun aber nicht mir selbst."

Sabrina Didschuneit hat ähnliche Erfahrungen gemacht und sagt: „Wenn du es gerne machst und es dich erfüllt, ist es keine Arbeit mehr."

Thomas Rogel schildert zum Thema Authentizität: „Für mich ist authentischer Humor essentiell. Ich freue mich jedes Mal, wenn ich Menschen mit meinen Texten zum Lachen bringen kann, es muss allerdings nicht jedem gefallen, was ich schreibe. Es gibt durchaus auch Gags, die nur ich witzig finde. Wichtig ist, dass du von dem begeistert bist, was du kreativ machst und dann wirst du die richtigen Menschen mit deiner Begeisterung anstecken. Manchmal ist auch der Weg das Ziel. Ich bin schon öfter über Konzepte, die ich geschrieben habe, an Orte oder an neue Projekte gekommen, die ich so nie voraussehen konnte."

Oliver Uschmann berichtet Ähnliches: „Ich war damals in einer Phase, ich habe so geschrieben, dass ich die Professoren beeindrucke oder meinen inneren Kritiker. Aber dass es darum geht, etwas zu tun, wo man selber das Gefühl hat, dass man die absolute Freiheit empfindet... Das war weg. Meine Frau brachte mir das wieder. Sie meinte: Schreib doch mal was, das dir Freude macht! Daraus entstanden dann die ersten ‚Hartmut und ich'-Geschichten, ohne zu ahnen, dass daraus Jahre später mal ein Bestseller würde." Benjamin Adrion sagt passend dazu: „Tu mehr von dem, was du liebst. Tu mehr von dem, was dir Freude macht. If you want to love yourself – do more what you love! Weniger das tun, was unglücklich macht, mehr tun, was glücklich macht."

Mach es wie diese großartigen, bereits eigenSinnig-erfolgreichen Menschen, mit denen ich gesprochen habe: Sei du selbst, finde heraus, was du kannst, was du willst. Und dann: Tu es!

4 # LÖSUNGSORIENTIERTES HANDELN

„Probleme sind nicht zum Diskutieren da, sondern zum Lösen", ist Wolfgang Grupp überzeugt. „Es gibt auch für mich Tage, an denen man etwas am Boden ist, meint, Probleme nicht lösen zu können", berichtet er. Sein Rat: „Es geht immer weiter! Man muss optimistisch in die Zukunft schauen!" Und konkreter: „Das beste jedoch, was man tun kann, ist, die Probleme zu lösen, wenn sie ganz klein sind. Wenn man jedes kleine Problem löst, dann hat man kein großes."

Der optimistische Blick nach vorn ist für alle meine Interviewpartner essentiell. Für den Fall, dass du trotzdem mal nicht weiterkommst, raten sie, Hilfe zu suchen. Stefan Tilks Rat lautet, sich jemanden zu suchen, dem man vertraut, der zuhört. Sich einzuigeln, zuzumachen, zu glauben, man müsse alles mit sich selbst lösen, führe häufig in eine Sackgasse. Außerdem sollte man „aufhören, immer nur nach hinten zu denken und sich darüber zu grämen, was alles schlecht gelaufen ist." Stattdessen solle man „einfach sagen: Komm, das Kapitel schließen wir jetzt ab und wir denken jetzt nach vorne und versuchen, uns wieder freizuschwimmen!" Dafür sei es auch wichtig, „sich ein Umfeld zu suchen, das einem das auch ermöglicht. Und das heißt häufig auch, Menschen zu verlassen, Beziehungen zu verlassen. Das heißt natürlich, loslassen können, mutig sein, eingetretene Pfade zu verlassen."

Andreas Ernst sieht das ähnlich. Man solle „versuchen, nicht weiter zu verzweifeln, innezuhalten und über die Ursache nachzudenken. Dann zuerst versuchen, aus sich selbst heraus, aus dem, was man selber kann, mit seinen Talenten, sich selbst zu helfen. Kommt man aus eigener Kraft nicht weiter, sollte man nicht zögern, mit anderen Menschen zu sprechen, sie um Hilfe zu fragen, sich Ideen und Ratschläge zu holen oder auch einfach nur über Probleme zu reden." Er ist überzeugt: „Wenn man es schafft, die Frustration, und wenn auch nur in Teilen, aus sich selbst heraus zu überwinden, dann wird der Erfolg und die Freude darüber umso größer sein und einen bestärken."

Fabio Haebel und Ralf Strauß setzen auf Visualisierung. „Analysieren, was der Kern des Problems ist. Was ist die Ursache des Problems? Was hast du selbst zu dem Problem beigetragen? Welche Wege / Alternativen hast du, um wieder nach vorne zu gehen? Am Ende des Tages würde ich einen Entscheidungsbaum bauen und herausfinden, was ist der ‚way forward'", rät Ralf Strauß.

Fabio Haebel sagt: „Nimm dir ein Blatt Papier, einen Stift und schreibe Pro und Contra auf. Ziehe ein Fazit und schreibe auf, was du ändern möchtest. Die Visualisierung hilft ungemein. Versprochen." Ilka Groenewold startet auch analytisch: „Ich würde versuchen, erstmal eine Analyse zu machen. Würde fragen, „Warum bist du unglücklich? Was ist die Ursache?' Ursachenanalyse. Und dann würde ich überlegen, was kann man tun, damit man nicht mehr unglücklich ist, sondern glücklich ist. Es kann sein, dass ein Jobwechsel der richtige Weg ist, ein Partnerwechsel, ein Beziehungsende, was auch immer. Es ist meistens ja auch oft was von außen, das bewirkt, dass man innerlich unglücklich ist. Es muss ja nicht immer vom Inneren herauskommen, es ist meistens eine Korrelanz von außen und innen, was dann dazu führt, dass man unglücklich ist. Und man muss dann eine Analyse machen und dann kann man Ratschläge geben. Pauschal sagen kann ich natürlich nicht: Wie wird man glücklich? Weil ich glaube, das ist immer ein ganz individuelles Thema, man muss immer in die jeweilige

Person hereinschauen. Aber ich glaube, wir sind alle auf diesem Planeten, um glücklich zu sein. Und ich glaube, jeder kann einen Weg finden zu einem glücklichen Leben."

Diese Ansicht teilt auch Stefan Stuckmann, auch er sieht Individualität und Eigenverantwortung fürs eigene Glück: „Es gibt so viele küchenpsychologische Meinungen zum Thema Glück oder Zufriedenheit, so viele gut gemeinte Ratschläge, so viele Vorurteile, die man ignorieren sollte – weil man selbst am Ende der einzige ist, der wirklich verstehen kann, was einem fehlt. Mir selbst hat es am meisten geholfen, meine eigene Situation so viel wie möglich zu reflektieren. Zu verstehen: Wenn es mir schlecht geht, warum genau geht es mir schlecht? Bin ich selbst die Quelle oder meine Umwelt oder bestimmte Strukturen, zum Beispiel in meiner Arbeit?"

Dr. Thomas Vollmoeller weiß: „Aus der Niederlage einen Sieg machen durch Autosuggestion ist möglich." Und der Rat, den Moses Pelham für jemanden hat, der unglücklich ist, ist kurz, spricht aber Bände: „Du solltest etwas ändern. Vielleicht deine Perspektive." Laia Gonzalez gibt hier die optimale Aussage zum Schluss: „Wenn du mit deiner Situation unzufrieden bist, verändere diese. Nur du bist für dein Wohlbefinden verantwortlich. Schau nicht auf andere. Du kannst niemanden ändern, nur dich selbst."

5 # ERFOLG IST EINE ACHTERBAHN

„Erfolg zu haben ist überhaupt keine Kunst. Den Erfolg durchzustehen ist die Kunst", weiß Wolfgang Grupp. Und Peter Pohlmann rät: „Verlass dich niemals darauf, dass Erfolg ewig hält."

Denn Erfolg ist niemals eine Gerade. Das ist das Leben ja auch nicht.

Andreas Ernst hat den Eindruck, dass „in unserer Gesellschaft heute der Wunsch, permanent glücklich zu sein, für viele Menschen zu einer Art Obsession geworden ist – von Facebook-Weisheiten und Frauenzeitschriften befeuert." Er glaubt aber, der Mensch sei nicht dafür gemacht, von einem Glückszustand in den nächsten zu gehen. „Es braucht Phasen der Normalität und der Verzweiflung, um Glück empfinden und wertschätzen zu können." Diese Einstellung teilt auch Andreas Friesch. Er empfiehlt: „Sieh nicht nur, dass ein Gewitter aufzieht, sondern mach dir klar, dass darauf wieder Sonnenschein folgt." Dabei geht es ihm nicht darum, das Gewitter nur abzuwarten, sondern vor allem, die Energie des Gewitters für sich zu nutzen: „Misserfolge und Fehler gehören zum Erfolgsprozess dazu. Ich lerne sehr viel aus diesen. Ein großes Vorbild ist für mich in diesem Kontext Michael Schumacher. Trotz missglückter Rennen hat er hat es geschafft, sein Auto immer wieder auf sich und auf die Rennstrecke optimal einzustellen, um Erfolge zu haben. Damit wurde er sieben Mal Weltmeister. Er hat seine Learnings aus den Misserfolgen aktiv dafür genutzt, noch besser zu werden. Misserfolge helfen neue Dinge zu lernen. Die Fragen, die du dir immer stellen solltest: Was hast du daraus gelernt, was kannst du beim nächsten Mal besser machen?" Auch Andreas Kluge teilt diese Ansicht: „Gut, dass du den Misserfolg hattest, er wird dich stärken und dir helfen, in Zukunft die Herausforderungen anzugehen und zu bewältigen." Misserfolge als Chancen sehen, diese Ansicht teilt auch Laia Gonzalez: „Misserfolge gehören zum natürlichen Zyklus. Wichtig ist nicht, dass man etwas nicht geschafft hat, sondern warum. Nur mit gesunder Selbstkritik kann man aus Fehlern lernen." Ilka ist sich sicher, dass Misserfolge die größten Chancen bieten, weil man durch sie lernt. „Das kann man immer nur hinterher selbst empfinden und nachvollziehen. Aber es ist so wichtig, Misserfolg im Leben zu erfahren, weil man daran wächst. Ohne Misserfolg kein Wachstum."

Vom Wachstum durch herausfordernde Situationen berichtet auch Stefan Stuckmann: „Sechs Wochen vor Drehbeginn der zweiten Staffel meiner Serie stellte sich heraus, dass im Budget 400.000 Euro fehlen, weil in der Produktionsvorbereitung Dinge schiefgelaufen sind. Die drei Monate danach, in denen wir dieses Geld bei laufender Produktion einsparen mussten, waren die schlimmsten meines Lebens und ohne jeden Zweifel: Kurzfristig gesünder wäre es gewesen, einfach hinzuwerfen und nach Hause zu gehen. Aber inzwischen merke ich, dass ich bestimmte strukturelle Probleme in meinem Job und in deutschen Fernsehproduktionen, die ich schon lange kannte, aber immer hingenommen haben, einmal in komplett eskalierter Form erlebt habe. Das ist eine Erfahrung, auf die ich mit zehn Jahren Abstand wahrscheinlich als wichtige Lektion zurückblicken werde. Ich weiß jetzt: Ich muss Projekte, in die ich sehr viel Zeit investiere, noch radikaler auf mich selbst zuschneiden und im Zweifel kleiner halten, um mich und meinen Einsatz zu schützen."

Beinahe alle Interviewpartner berichten von Achterbahnfahrten. Stefan Tilk zum Beispiel hat die Erfahrung gemacht, dass man, egal wie leistungsstark und leistungsbereit man ist, doch auch immer von seinem Umfeld abhängig ist. „Es gibt Dinge, die man nicht erwartet, die einfach passieren und die man nicht beeinflussen kann. Und trotzdem muss man gucken, dass man weiterkommt und sich aus so einer Niederlage so rausdreht, dass man für die Zukunft wirklich was mitnimmt."

Sie erzählen von privaten Rückschlägen, Scheidungen, finanziellen Problemen, dem Finanzamt und von Kunden, die zum Wettbewerber wechseln. „Man muss seine Enttäuschung und seinen Frust überwinden, versuchen, aus eigener Kraft weiterzumachen, sein Team neu motivieren, die nächste Aufgabe annehmen und versuchen, aus der Niederlage etwas zu lernen", sagt auch Andreas Ernst.

Ralf Strauß beschreibt seinen Erfolg „weniger als den einen großen Big Bang, sondern wie eine Reise," auf der er immer wieder neue Stationen passiert. „Diese Stationen funktionieren oder auch mal nicht. Dann heißt es wieder ‚Attacke!' und weiter geht's!"

Sogar Wolfgang Grupp, der nach eigenen Angaben keine Situationen erlebt hat, in denen es richtig schwierig wurde, weil er seine Probleme immer schon löst, solange sie noch klein sind, berichtete: „Es gibt auch für mich Tage, an denen man etwas am Boden ist und meint, Probleme nicht lösen zu können. Der Rat, den ich hier geben kann: Es geht immer weiter. Man muss nur optimistisch in die Zukunft schauen."

Bosse stehen mit einem Lachen im Orkan. Alles, was aufgewirbelt wird, sind nur neue Aufgaben, die es zu bestehen gilt. Es gibt eine simple Technik, die ich auch anwende, wenn ich in orkanartige Situationen komme:

Beobachten: Mach dir klar, dass du gerade in einem Orkan bist. Akzeptiere es und mach dir klar, dass einem Orkan Sonnenschein folgt.

Prüfe deine Optionen: Welche Möglichkeiten hast du, um aus dem Orkan herauszukommen. Das können manchmal total simple Dinge sein. Mach dir dein Lieblingslied an, guck eine Folge deiner Lieblingsserie, rufe einen guten Freund an. Wichtig ist, dass du etwas für dich tust, etwas, das dir guttut.

Geh es direkt an, grübele nicht lange darüber nach.

An die Frauen: Auch Hormone können Orkane auslösen! Da haben wir das Gefühl, die Welt geht unter. Versuche, dich zu entspannen. Du weißt, das geht nach ein paar Tagen wieder. ;)

6 # DANKBARKEIT UND WERTSCHÄTZUNG

Die erfolgreichen Menschen, mit denen ich gesprochen habe, sind alle zutiefst dankbar für das, was sie haben. Sie sind jeden Tag dankbar dafür, dass sie leben und gesund sind. Sie sind dankbar für ihre Familien, ihre Freunde, ihre Kollegen. Und sie sind darum bemüht, den Menschen in ihrem Leben aufrichtig und wertschätzend zu begegnen.

Christoph Metzelder zum Beispiel. „Ich bin schon sehr, sehr dankbar für den Weg, den ich nehmen durfte. Als kleiner Junge aus Haltern am See die halbe Welt zu bereisen, und heute nach meiner Karriere das machen zu können, wozu ich Lust habe. Das empfinde ich als großes Glück und als großen Luxus. Mich auszuprobieren in ganz vielen Bereichen, der Stiftung, mit dem TUS Haltern, hier in der Agentur, meine Tage so zu gestalten, wie ich es möchte, das empfinde ich als großes Glück."

Ähnlich sieht es Ralf Strauß: „Alle Sachen, die ich heute mache, sind Sachen die mir Spaß machen. Mit großartigen Kunden, mit großartigen Kollegen, mit großartigen Menschen, wie meiner Frau, mit denen ich zusammenarbeiten und -leben kann. Dafür bin ich dankbar. Glück ist unterm Strich, eine tolle Beziehung zu haben und gesund und in Wohlstand zu leben."

Auch Wolfgang Grupp ist dankbar: „Das Schönste im Leben ist nicht, das eigene Geld jeden Tag zählen zu können. Das Schönste im Leben ist, das Gefühl zu haben, von anderen gebraucht zu werden. Das bedeutet, meine Kinder oder meine Frau geben mir das Gefühl, dass sie mich brauchen oder mich gern sehen. Sie fragen ‚Wann kommst du wieder? Wann bist du wieder zurück?' Das Gefühl, von anderen gebraucht zu werden, ist eines der schönsten." Gerade deshalb ist es ihm sehr wichtig, „dass ich meine Mitmenschen entsprechend wertschätze und dass ich mich aufrichtig und anständig ihnen gegenüber verhalte. Ich brauche meine Mitarbeiter und meine Mitarbeiter brauchen mich."

Fabio Haebel macht glücklich, Gäste seines Restaurants und Leser seiner Bücher glücklich zu sehen. Andreas Ernst beschreibt sein Glück so: „Glücklich zu sein ist für mich zunächst, mit den Menschen, die mir wichtig sind, Familie, Freunde aber auch Kollegen, schöne Momente zu haben und spannende Dinge zu erleben. Zum Zweiten reizt es mich immer, im Beruf und im Privatleben Erfolge zu haben, irgendetwas zu schaffen. Das können auch kleine Dinge sein. Mit meinen Töchtern ein Baumhaus bauen, mit meinem Team einen Pitch zu gewinnen oder mit Freunden eine tolle Bergtour zu machen. Und drittens, ab und zu etwas Zeit für sich zu haben, oder sie sich zu nehmen und in die Natur zu gehen."

Stefan Tilk antwortete auf die Frage nach den drei wichtigsten Dingen in seinem Leben: „Rücksicht nehmen auf andere Menschen. Freude erleben, da man sich in einem positiven Umfeld bewegt. Wertschätzung in dem Verhalten, das man an den Tag legt. Daran denken, dass die Anderen auch eine Sicht auf die Dinge haben. Insofern rücksichtsvoll Dinge mit Verstand, Herz und Überzeugung tun. Mit Bedacht leben, Menschen mit Respekt und Anstand behandeln." Er empfindet Zufriedenheit, „wenn ich mit der Arbeit, die ich habe, etwas bewege, etwas mache, was andere Menschen um mich herum auch zufrieden macht. Ich lebe sehr stark in der Reflexion von meinem Umfeld. Ich glaube, dass ich meine Zufriedenheit daraus ziehe, etwas Gutes für andere Menschen zu tun, ohne dabei der Samariter zu sein, der ständig große Geschenke macht." Sein Geheimrezept: „Einfach nur mit meinem Schaffen, meinem Wirken, meinem Sein die Umwelt positiv zu beeinflussen." Und auch für ihn ist elementar: „Glück und Zufriedenheit haben mit Demut zu tun."

Andreas Friesch beschreibt sein Glück ähnlich: „Glücklich sein ist, wenn man sich an einem schönen Sonntag gemütlich hinsetzen und sagen kann, ich habe in den Bereichen, in denen ich etwas bewirken wollte, etwas erreicht. Ich habe etwas erreicht, was nicht nur mir zu Gute kommt, sondern auch meiner Familie und meiner Umwelt." Sein Rat lautet: „Besinn dich bewusst, denke nochmal nach, was deine Erwartungen im Leben sind. Was für dich das Leben bedeutet. Manchmal sind Menschen unglücklich, weil sie mit nichts zufrieden sind. Mit nichts zufrieden sein heißt jedoch nicht, dass es einem existenziell schlecht geht. Wer nicht mit dem, was er hat, zufrieden ist, kann auch nicht glücklich werden. Ich habe in Indonesien gesehen, wie Kinder mit einem alten Autorreifen spielen und glücklich sind. Es geht also auch ohne materielle Dinge."

Für Andreas Ernst hängen Erfolg, Glück und Zufriedenheit eng zusammen. „Es gibt kleine und größere Erfolge, manches liegt in den eigenen Händen, manches nicht und man braucht das Zutun anderer Menschen. Meine Familie ist sicher mein größtes Glück. Mein Job, für mich schon eine Art Berufung, ist ein Teamsport. Die Erfolge, die wir hier gemeinsam schaffen – ein Etatgewinn, eine tolle Kampagne in den Medien, ein wichtiger Award – bringen Momente der Zufriedenheit und spornen zu weiteren Erfolgen an."

Auch Stefan Stuckmann beschreibt, dass es weniger um Glück gehe, sondern mehr um Zufriedenheit: „Für mich persönlich ist das Wort ‚Zufriedenheit' das bessere Ziel und ich habe gemerkt, dass ich dann am zufriedensten bin, wenn mein Leben sich sehr vielseitig und sehr selbstbestimmt anfühlt. Ich beschäftige mich gerne mit neuen Dingen und lerne gerne. Und die besten Tage habe ich, wenn ich entweder reise und Dinge sehe, die ich vorher nicht kannte oder an etwas arbeiten kann, das mich interessiert, das ich aber noch nicht komplett verstehe."

7 # GIB NIEMALS AUF!

Die ultimative Einleitung für diesen Punkt lieferte Andreas Kluge, der sagt: „Geht nicht, gibt's nicht!"

In diesem Punkt sind sich alle meine Gesprächspartner einig: Aufgeben ist keine Option. Oder um es mit Dr. Karl Pall zu sagen: „Das Ziel ist das Ziel!" Natürlich ist das nicht immer leicht. Der Wille muss da sein.

Hannes Holzmann sagt dazu: „Glücklich ist nur, wer auch glücklich sein will." Auch wenn der Wille allein manchmal nicht ausreicht. Stefan Tilk weiß: „Wenn man sich ins Aufgeben hineinbegibt, ist das eine Sackgasse, aus der man nicht mehr rauskommt. Deswegen muss man sich immer wieder Mühe geben und sagen: Verdammt nochmal! Warum bin ich eigentlich hier auf dieser Welt? Und welche Chance habe ich, hier zu sein? Deswegen muss ich mich auch mal zusammenreißen und gucken, dass ich aus der Situation rauskomme. Und wenn ich das alleine nicht schaffe, muss ich mir eben Hilfe holen." Er rät: „Verliere dich nicht im Selbstmitleid, nimm das Schöne nie als selbstverständlich. Ergreife selbst die Initiative."

Andreas Ernst sieht es buddhistisch: „Schwierige Punkte gibt es immer und immer wieder im Leben, beruflich wie persönlich. Und ich hatte, Gott sei Dank, bisher immer die Kraft und das Glück, an keinem Punkt wirklich aufzugeben. Es gibt ja diese schöne, buddhistische Weisheit, dass das Leben aus mehreren Berggipfeln besteht: Gesundheit, Familie, Freundschaften, Wohlstand, beruflicher Erfolg. Man sieht die Gipfel nie alle gleichzeitig. Immer ist mindestens einer im Nebel. Aber der Nebel zieht weiter."

Hannes Holzmann hat es mit Zeit, etwas Glück und Nicht-Aufgeben geschafft, eine klinische Depression zu überwinden. „So unglaublich und weit weg das in einer derartigen Situation klingt: Ein Jahr später kann alles ganz anders sein!"

Eva Kündig sieht das so: „Jammern bringt dich nicht weiter. Gib nicht auf, lass dich aufs Leben ein und du wirst positiv überrascht. Mach es aus vollem Herzen und bleibe dran, dann wird es funktionieren!"

Du siehst, du kannst fluchen, schreien, auf den Tisch hauen, aber bleib dran!

Das Leben wird dich prüfen. Es wird prüfen, wie ernst du es mit deinem Vorhaben meinst. Es wird dir Löcher in deinen Weg brennen, es wird dir umgestürzte Baumstämme liefern und manchmal sogar einen Straßentotalschaden, sodass du erstmal deine Straße neu bauen musst, um weiterzukommen.

Was auch immer passiert, glaube an dich und zieh dein Projekt durch. Der einzige Grund, ein Projekt zu beenden, ist zu erkennen, dass es nicht länger dein Weg ist. Dann ist es allerdings kein Aufgeben, sondern eine bewusste Entscheidung FÜR etwas anderes.
Glaube an dich und dein Ziel und passe deine Strategie an.

Vergiss niemals, warum du dein Projekt gestartet hast, vergiss niemals dein WHY.

Nimm dieses Buch als Beweis, dafür, dass es sich lohnt, nicht aufzugeben, dass es sich lohnt, beharrlich zu sein und durchzuhalten. Mach dein Ding, fang jetzt damit an!

Zusammenfassung: Die Geschichte, die alle Aspekte nochmal zusammenfasst ist die

GESCHICHTE VON PETER POHLMANN

Ich war ein ganz schlechter Schüler, musste somit die Schule verlassen als ich 14 war und hab mich dann beworben für eine Einzelhandelskaufmannslehre beim Kaufhof.

Die Haltung: Er wusste, dass seine schulische Ausbildung nicht ausreichen würde, hat es dennoch mit der Bewerbung versucht.

Es gab 160 Bewerber auf 30 Lehrstellen und daher eine Aufnahmeprüfung. Die Übungsleiterin rief mich dann, nachdem wir alle Aufgaben abgegeben haben, rein und sagte: „Ich kann dir keine Lehrstelle geben." Ich fragte: „Warum nicht?" „Sie haben keine Aufgabe richtig gelöst und manche gar nicht angefangen", sagte sie. Ich erwiderte: „Ja, das weiß ich, meine Schuldbildung ist nicht so gut, ich habe oft die Schule gewechselt.

Authentizität: Er steht zu seinen Fehlern und versteckt sich nicht.

> Dies ist aber gar kein Problem für Sie, die Lehre beginnt erst in 3 Monaten bis dahin habe ich alles gelernt, was Sie brauchen und wenn ich es nicht gelernt habe haben Sie zudem 3 Monate Zeit mich wieder rauszuschmeißen.

Lösungsorientierung: Er konzentriert sich auf die Lösung.

> Sie sagte dennoch, sie könne mir keine Lehrstelle geben, andere hätten die Aufgaben ja besser gelöst und die hätten es dadurch mehr verdient.
>
> Da fragte ich sie: „Wer kann mir denn eine Lehrstelle geben?" Sie antwortete: „Wenn überhaupt der Geschäftsführer." Da sagte ich: „Dann möchte ich gern mit dem Geschäftsführer sprechen."

Nicht aufgeben: Auch ein weiteres „Nein" hielt ihn nicht davon ab, für seinen Weg zu kämpfen.

> Sie willigte ein und ich kam zum Geschäftsführer. Er sagte: „Na, junger Mann Sie wollen eine Lehre bei uns machen? – Na, dann fangen Sie mal an!"

Erfolg!

> Peter Pohlmann war der beste Lehrling seiner Zeit vom Kaufhof und startete danach eine einzigartige Karriere von der Teppichfabrik zum Möbelhausgiganten. Etliche Jahre später traf er den Geschäftsführer wieder und sagte: „Wer weiß, was aus mit geworden wäre, wenn Sie mir die Chance nicht gegeben hätten!"

Dankbarkeit: Peter Pohlmann zeigt sich nicht nur seinem alten Chef gegenüber dankbar, er lebt diese Haltung der Wertschätzung auch heute in allem, was er tut.

TEIL 4

DER BOSS-CLAN

MEIN BOSS-CLAN IST EINZIGARTIG!

Ich bin für jeden dieser Menschen unfassbar dankbar. Es waren unglaublich inspirierende Gespräche und ich bekam eine Hilfsbereitschaft und Vertrauen entgegengebracht, die ich in diesem Maße nicht erwartet hatte.

Ich habe bewusst Menschen mit den unterschiedlichsten Lebenswegen und aus unterschiedlichen Branchen ausgewählt, um zu zeigen, dass glücklicher Erfolg überall möglich ist, wo Menschen ihren eigenen Weg gehen.

**KÜNSTLER - GESCHÄFTSFÜHRER - DENKER
INNOVATOREN - FREIHEITSLIEBENDE
QUATSCHMACHER - UNTERNEHMER - MUSIKER
GENUSSERSCHAFFER - SPORTLER - VISIONÄRE
FOTOGRAFEN - SPASSMACHER - INSPIRATOREN
PRODUZENTEN - WORTAKROBATEN**

Ich möchte dir meinen Boss-Clan vorstellen, weil diese Menschen unglaublich inspirierend sind. Oft fragen mich Menschen, nach welchen Kriterien ich die Menschen ausgewählt habe, die zu meinem Boss-Clan gehören. Und da ist mir irgendwann aufgefallen, es waren alles Menschen, die zufällig in mein Leben getreten sind. Ja, ich hatte zu Anfang den Gedanken, ich will bekannte, erfolgreiche Persönlichkeiten aus den unterschiedlichsten Branchen interviewen. Doch ich habe dabei keine Liste abgearbeitet.

Ich habe einige dieser Menschen auf Konferenzen gesehen, ich habe Dokumentationen gesehen oder persönliche Empfehlungen bekommen. Bei einigen Partnern musste ich sehr hartnäckig sein, andere waren direkt Feuer und Flamme. Insgesamt kann ich sagen, es waren alles Menschen, die mich fasziniert haben und genau aus diesem Grund habe ich sie angesprochen.

HANNES HOLZMANN
DER LEBENSFROHE

Hannes Holzmann ist Sänger und Gründungsmitglied der pinkfarbenen Happy Metal-Band J.B.O.. Bereits als Kind trommelte er auf allem, was sich anbot. Mit 12 bekam er endlich seine erste eigene E-Gitarre und drei Jahre später spielte er in seiner ersten Band. Heute gehört J.B.O. zu den erfolgreichsten und beliebtesten deutschen Metal-Bands. Vor einigen Jahren kämpfte er sich mit Durchhaltewillen und etwas Glück aus einer klinischen Depression. Heute ist sein Leben sonnig.

Neben der Musik verbringt Hannes Holzmann am liebsten Zeit mit seinem Hund Funny und den Zwillingen. So verwundert es auch nicht, dass sein Plan für die Zukunft ist, ein guter Papa zu sein und viele Konzerte zu spielen.

Mich verbindet mit J.B.O. mein erstes Crowd–Surfing-Erlebnis auf dem Wacken Festival. Von ganz hinten nach ganz vorn, von der Menge getragen.

PETER POHLMANN
DER LÖSUNGSFINDER

Copyright: Jörg Sarbach

Peter Pohlmann wuchs als Sohn zweier Verkäufer auf und wollte eigentlich immer schon selbst Einzelhändler werden. Da er aber besonders in Mathe nicht wirklich gut war, war es gar nicht so leicht für ihn, den ersehnten Ausbildungsplatz bei Kaufhof zu ergattern.

Obwohl er keine der Rechenaufgaben beim Einstellungstest richtig löste, konnte er den damaligen Geschäftsführer von sich und seiner Leidenschaft überzeugen und wurde genommen.

Er wurde Marketingchef eines Faserkonzerns und Vertriebsdirektor einer Teppichbodenfabrik, bevor er 1979 die Vertriebsgesellschaft Quadro übernahm. 1989 gründete er dann Poco und verkaufte Quadro wieder, um sich ausschließlich auf Poco konzentrieren zu können.

Poco ist heute eine der erfolgreichsten Möbelhaus-Ketten in Deutschland und Peter Pohlmann wurde auf dem Handelskongress 2014 mit dem Lifetime-Award ausgezeichnet.

Er sagt: „Viel Geld zu verdienen macht allein auch nicht glücklich. Aber wenn Sie es schaffen, dass Kunden kommen und sich bei Ihnen bedanken – das schon."

WOLFGANG GRUPP
DER PROBLEMLÖSER

Wolfgang Grupp übernahm mit 27 Jahren von seinem Vater die Geschäftsführung Trigemas. Innerhalb von sechs Jahren steigerte er den Umsatz und tilgte alle Schulden. Trigema ist heute Deutschlands größter Hersteller von Sport- und Freizeitbekleidung und ein echter Familienbetrieb. Bis zu drei Generationen arbeiten hier gemeinsam.

Nachdem er jeden Morgen im Freien (Sommer wie Winter) geschwommen ist, nimmt er seinen Arbeitsplatz ein. Der befindet sich bei seinen Mitarbeitern im Großraumbüro, denn Herr Grupp schätzt den direkten Austausch mit seinen Mitarbeitern.

Er mag das Leben unkompliziert, Mietverträge, die nicht länger als eine Seite sind und Müsli zum Mittag.

Herr Grupp ist sehr diszipliniert und schiebt Aufgaben nicht vor sich her. Er trifft gern schnell Entscheidungen und fühlt sich frei, wenn er Dinge erledigen und wegarbeiten kann.

Weil er sich nicht der Worte anderer Menschen bedienen möchte, zitiert er sich hier mit seinem Erfolgsrezept einfach selbst: „Löse deine Probleme, so lange sie klein sind! Dann werden sie gar nicht erst groß."

SABRINA DIDSCHUNEIT
DIE MITTEN-DRIN FOTOGRAFIN

Sabrina ist fröhlich, humorvoll und sie lacht sehr gern. Sie ist ein Stern. Ein Stern am Fotohimmel, der grade aufgeht und nach und nach immer heller und heller scheint. Als ich Sabrina 2018 auf ihrer Fotoausstellung in Kassel kennenlernte, war sie sofort dazu bereit, mir spontan zwischen ihren Werken ein Interview zu geben. Das hat mich beeindruckt.

Ich wusste sofort, dass sie die Richtige sein würde, um alle Facetten meiner Person einzufangen und auf Bildern zum Leuchten zu bringen. Sabrina ist gelernte Fotografin und hat 2009 ihren Gesellenbrief erhalten, um anschließend angestellt in unterschiedlichen Studios als Portraitfotografin zu arbeiten.

Doch dabei sollte es nicht bleiben, Sabrina ist Fotografin mit Leib, Seele und Leidenschaft und wollte nicht länger Menschen verbiegen müssen fürs vermeintlich perfekte Bild. Sie will Menschen so zeigen, wie sie sind, in ihrer ganzen Einzigartigkeit. Für sie bedeuten Momente hinter der Kamera, dass ein Mensch einen Teil von sich zeigt, den sie einfangen kann und mit dem sie vertrauensvoll und sensibel umgeht. Sie will Authentizität! Genau deswegen hat Sabrina sich selbstständig gemacht, weil authentische Bilder nicht am Fließband entstehen, sondern mit viel Verständnis, Geduld und Zeit. Sie hat die wundervollen Schwarz-Weiß-Portraitfotos von mir geschaffen, die du hier im Buch entdeckt hast.

MOSES PELHAM
DER HERZMENSCH

Mit 12 Jahren kam Moses Pelham während eines USA-Urlaubes mit Rap in Kontakt und verkaufte in seiner Schulzeit bereits selbst gemixte Tapes.

Auch heute noch ist Moses Musikproduzent und Rapper aus Leidenschaft.

Produzent wurde er vor allem aus dem Grund, dass niemand so arbeitete, wie er es sich vorstellte. Sein Erfolg gibt ihm Recht. So produzierte er Acts wie Sabrina Setlur, Xavier Naidoo, Glashaus UnterWortverdacht, Illmatic, und Sebastian Hämer.

2012 saß er in der Jury der Castingshow X Faktor, 2017 war er Teilnehmer bei Sing meinen Song – das Tauschkonzert.

Wenn ich Moses Pelham in drei Worten beschreiben müsste, wären das diese: Kuschelbär, Kämpfer, Visionär.

THOMAS ROGEL
DAS TEXTGENIE

Thomas liebt Filme und träumte bereits als Jugendlicher davon, Regisseur zu werden. Effektorgien wie Roland Emmerich drehen, war damals sein Traum, sagte er in unserem Interview.

Die Antwort auf die Frage was er heute täte lautete: Hätte er einen Millionensponsor, würde er die schrägste, intelligent-lustigste Comedy-Serie Deutschlands schreiben und dabei selbst Regie führen.

Er ist ein Textgenie. Thomas schreibt für die heute-Show und viele andere Projekte und bringt mit seinen Texten Menschen zum Lachen.

Thomas hat schon tausende gute Konzepte erdacht. Nur eingefahrene Wege zu gehen, findet Thomas langweilig, daher macht er keine Gefälligkeitspointen, für ihn steht der authentische Humor im Vordergrund, es muss nicht jedem gefallen!

ANDREAS FRIESCH
DER BEGEISTERTE VISIONÄR

Andreas ist seit 2008 im Vorstand für die Division Thermomix bei Vorwerk und trägt die Verantwortung für die Vertriebsorganisation in Deutschland.

Am meisten hat mich an ihm das Leuchten in seinen Augen beeindruckt! Wenn Andreas von etwas erzählt, das ihm am Herzen liegt, spürst du das sofort. Er hat mit seinem Team, von dem er immer voller Begeisterung spricht, den Thermomix in Deutschland zum Erfolg geführt. Wir teilen nicht nur die Liebe zu Udo Lindenberg, Sylt und zur Sansibar, auch das Interesse für Menschen und die Begeisterungsfähigkeit haben wir gemeinsam.

Für den Thermomix schwört er auf ein Live-Erlebnis für Kunden vor dem Kauf und setzt deshalb auf den Direktvertrieb. Außerdem hat er Content-Kooperationen mit der Sansibar und Disney an Land gezogen.

DR. KARL PALL
DER ZIELSTREBIGE

Um Dr. Karl Pall zu einem Interview zu bewegen, brauchst du viel Ausdauer und Zielstrebigkeit. Exakt diese beiden Eigenschaften zeichnen ihn in meinen Augen als Person aus. Zielstrebigkeit und Ausdauer: Dr. Karl Pall ist bisher 25 Marathons gelaufen und weiß: Das Ziel ist das Ziel!

Diese Eigenschaften zeigen sich auch in weiteren Bereichen seines Lebens. Er ist seit 2014 Director von Google Germany und jeden Morgen pünktlich um 09:00 im Büro. Dabei weiß er genau, wie wichtig eine gute Work-Life-Balance ist und schaltet sein Telefon in seiner Freizeit konsequent aus.

Wenn sich Dr. Karl Pall für etwas begeistert, dann macht er es einfach. Er hat zum Beispiel sowohl erfolgreich die Ausbildung zum Surflehrer absolviert, als auch die Lizenz zum Fliegen erworben.

Zufriedenheit ist für ihn der Sinn des Lebens und insgesamt verwundert es nicht, dass er Gesundheit, Freunde & Familie und Ziele zu den wichtigsten Themen in seinem Leben zählt.

Sein Tipp: „Eat the elephant in pieces."

MICHAEL HOLTSCHULTE
DER KREATIVE

Michaels Lieblingszitat:
„Tue es oder tue es nicht. Es gibt kein Versuchen!" (Yoda-Star Wars)

Michael ist ein cooler Typ. Aber nicht auf die arrogante, sondern auf die gute Art. Als ich Michael im Dezember 2017 in der Zeche in Bochum kennenlerne, habe ich das Gefühl, einem guten Kumpel gegenüber zu sitzen, nicht einem preisgekrönten Künstler. Und nach dem ersten Eindruck sind wir tatsächlich Kumpels geworden. Michael ist ein sehr hilfsbereiter Mensch, der jedoch niemandem seine Ratschläge aufdrückt, sondern auch einfach mal zuhört und dir hilft, wenn du Hilfe brauchst.

Bereits mit 15 veröffentlichte er einige Zeichnungen bei der Westdeutschen Allgemeinen Zeitung. Nach seinem Examen in Literaturwissenschaft, Sozialpsychologie und Politikwissenschaft an der Ruhr-Universität in Bochum 2006, machte er sich 2007 als Cartoonist, Karikaturist und Illustrator selbstständig.

Michaels Cartoons findest du heute in der SZ, der taz, der Satirezeitschrift Titanic, dem Eulenspiegel, dem Stern und anderen erfolgreichen Publikationen. Am bekanntesten sind seine Cartoons aus der Reihe „Tot, aber lustig". Seit 2012 heimst er auch regelmäßig Publikumspreise ein, zum Beispiel „Mit spitzer Feder. Deutscher Preis für die politische Karikatur" und den des Deutschen Karikaturpreises.

HENNES BENDER
DER PERFEKT UNPERFEKTE

Hennes Bender ist Bochumer mit Herz, Leib und Seele.

Nachdem er 1988 sein Abitur gemacht hatte, studierte er Theater-, Film- und Fernsehwissenschaften. Beides natürlich in Bochum.

Schon bald zog es Hennes auf die Bretter, die die Welt bedeuten, wenn auch erstmal nur in Bochum. Das lief allerdings so gut, dass er seit 1992 davon leben kann.

Seit 1998 tritt Hennes immer öfter als Solokomiker auf und heimst einen Preis nach dem anderen ein.

Seine nun knapp 50 Lebensjahre haben ihn so einiges gelehrt. Zum Beispiel, dass man nur aus Fehlern lernt, nicht alles immer perfekt sein kann und muss und dass es unsexy ist, anderen die Schuld an der eigenen Misere zu geben. So lautet seine Antwort auf meine Frage nach dem Sinn seines Lebens schlicht „Selbsterkenntnis".

ANDREAS ERNST
DER MENSCHLICHE QUERDENKER

Andreas Ernst ist Betriebswirt, Werbekaufmann und seit 2014 Geschäftsführer und Managing Partner der renommierten Werbeagentur Jung von Matt in Hamburg.

Er ist ein menschlicher Querdenker, der es immer wieder schafft, Kunden und Kollegen für Ideen zu begeistern, und damit sehr erfolgreich ist.

Andreas glaubt nicht, dass Menschen permanent glücklich sein können und sollten. Er ist sich sicher, dass es Phasen der Normalität, des Misserfolgs und der Frustration braucht, um Glück, Erfolg und Zufriedenheit empfinden und wertschätzen zu können.

Er selbst empfindet Glück, wenn er mit seinen Töchtern am gemeinsamen Baumhaus baut, mit seinem Team einen Pitch gewinnt, mit Freunden eine Bergtour macht oder beim Segeln alles andere hinter sich lässt.

Der Sinn seines Lebens, in einem Wort:
DasStrebennachGlückundZufriedenheitmitanderenMenschen.

CHRISTOPH METZELDER
DER VOLLGASGEBER

Bei Christoph Metzelder denken die meisten Menschen wahrscheinlich an den Fußballspieler, der bei Borussia Dortmund, Real Madrid und dem FC Schalke 04 gespielt hat und mit diesen Mannschaften diverse Meisterschaften gewann.

Copyright: Jan Wischermann

Dabei ist Christoph noch so viel mehr!

Er engagiert sich intensiv für soziale Projekte und gründete 2006 seine eigene Stiftung. „Zukunft Jugend" unterstützt Kinder und Jugendliche auf ihrem Weg durch die Schule und in den Beruf und bekämpft Kinderarmut und Perspektivlosigkeit. Zudem ist er Werbebotschafter für „roterkeil.net", einem Verein gegen Kinderprostitution. Er gehört der Stiftung Jugendfußball an und bekam 2001 den Verdienstorden des Landes Nordrhein-Westfahlen verliehen. Christoph ist dankbar. Dankbar für den Weg, den er gehen durfte, dafür, heute das machen zu können, worauf er Lust hat, dafür, dass er anderen Menschen dabei helfen kann, auch ihre Träume zu verwirklichen. Christophs Lieblingszitat ist „Motor on" und das beschreibt ihn sehr gut, er will immer das Maximum, ob nun für sich oder in seinen sozialen Projekten für andere. Christoph gibt immer Vollgas und ist mit vollem Herz und Leidenschaft dabei!

PROF. DR. RALF STRAUß
CARPE DIEM – DER MACHER!

Ralf Strauß ist Professor für Digitales Marketing und E-Business an der HSBA Hamburg School of Business und Präsident des deutschen Marketingverbandes.

2011 und 2012 verantwortete Prof. Strauß die Digitale Transformation von Vertrieb und Marketing für den Volkswagen-Konzern. Davor war er globaler Leiter des Produktmanagements CRM Marketing und langjähriger Chief Marketing Officer der SAP in Deutschland & Zentraleuropa.

Nachdem sein Vater starb als Ralf Strauß 19 Jahre alt war, musste er sich komplett neu erfinden. Er lernte, Netzwerkkompetenzen für sich zu nutzen und fand Sparringspartner, die ähnliches erlebt haben und wertvolles Feedback für ihn hatten.

Heute macht er nur Sachen, die ihm Spaß machen – nach eigenen Angaben mit großartigen Kunden, großartigen Kollegen und seiner großartigen Frau. Gesund und glücklich zu sein und mit Dingen, die ihm Spaß bereiten, erfolgreich zu sein, ist für ihn der Sinn seines Lebens.

DR. THOMAS VOLLMOELLER
DER EFFIZIENTE

Kaum jemand arbeitet effizienter als Dr. Thomas Vollmoeller.

Unser Interview war das kürzeste von allen, knapp über 11 Minuten. Er hat es geschafft, mir sein WHY, HOW und WHAT zu vermitteln, noch bevor ich meinen Kaffee ausgetrunken hatte. DAS ist beeindruckende Effizienz!

Dr. Vollmoeller ist ein außergewöhnlich engagierter Mensch. Er ist der CEO von XING und brennt für dieses Unternehmen.

Erfolg ergibt sich für ihn aus einer positiven Grundhaltung, gepaart mit Toleranz und Offenheit. Gelassenheit und Freude sind für ihn essentiell für ein glückliches und erfolgreiches Leben.

BENNY ADRION
DER GELASSENE WELT-VERÄNDERER

Als ich Benny interviewte und ich ihn nach seinem Lieblingssong fragte, sagte er mir, er mag aktuell den Song „Moon" von der Band Francesco, weil dieser Song einen in die Welt trage oder zum Mond.

Genau das macht Benny aus. Er hat die Begeisterung für die Welt und gleichzeitig die Gelassenheit des Mondes in sich, der eine wahnsinnig angenehme Ruhe ausstrahlt. Benny begann seine Fußballkarriere in der Jugend des VfB Neckarrems und war bis 2008 Profifußballer. Er spielte unter anderem beim VfB Stuttgart und dem FC St. Pauli.

Nachdem er im Wintertrainingslager auf Kuba die schlimmen Zustände gesehen hat, die dort herrschten, veränderte sich sein Leben. In diesem Moment wusste er, dass er etwas ändern will. Er weiß, man kann nicht die ganze Welt retten, „aber in seinem Umfeld kann man den Unterschied machen." So gründete er 2005 gemeinsam mit der Welthungerhilfe Viva con Agua. In Havana wurden bereits mehr als 150 Trinkwasserspender aufgestellt. Für dieses Engagement erhielt er 2009 das Bundesverdienstkreuz am Bande, obwohl er das Mindestalter der eigentlich vorgegebenen 40 Jahren noch nicht erreicht hatte. Wenn du mehr wissen willst, weil dich dieses Engagement genauso beeindruckt wie mich, schau auf **www.vivaconagua.org**.

BODO JANSSEN
DER SINN VERÄNDERER

Bodo ist ein Revoluzzer. Ein Revoluzzer, der eine Reise gemacht hat. Vom selbstverliebten Egomanen, der sein Glück in materiellen Dingen suchte, zum selbstbewussten, souveränen Mann, der sich seinen Sinn selbst gibt und diesen heute authentisch und mit viel Herz lebt.

Sein Leben hatte einige wirklich einschneidende Erlebnisse für ihn parat. Zum Beispiel eine Entführung im Alter von 24 Jahren. Nach seinem BWL- und Sinologie-Studium übernahm er 2005 die Führung der familieneigenen Hotelkette. 2010 kam bei einer Mitarbeiterbefragung raus, dass seine Angestellten gern einen neuen Chef hätten. Das stürzte Bodo in eine tiefe Sinnkrise. Zur Sinnfindung kehrte er ins Kloster ein, begann zu reflektieren und entwickelte mit Hilfe von Anselm Grün eine komplett neue Firmenkultur. Ohne Druck, Kontrolle und Macht.

Heute ist die Zufriedenheit seiner Mitarbeiter um 80% gestiegen, die Zahl der Krankmeldungen gesunken und der Umsatz hat sich verdoppelt.

Der Film „Die stille Revolution", den er gemeinsam mit Anselm Grün produziert hat, zeigt diese Geschichte und regt an, Führung neu zu denken und ist nicht nur sehenswert, sondern ein Muss für jede Führungskraft, die über sich hinauswachsen will.

FABIO HAEBEL
DER GENUSS-ERSCHAFFER

Bei Fabio Haebel weiß man nicht, ob er ein grandioser Koch oder ein genialer Künstler ist. Wahrscheinlich ist er beides.

Nachdem er seine Ausbildungen zum Hotelfachmann und Koch abgeschlossen hatte, war er erstmal als Caterer mit Bands, Musikern und Künstlern auf Tournee. Er kochte in immer anderen Locations und improvisierte viel. Als dann 2011 gegenüber seiner Hamburger Wohnung ein Ladenlokal frei wurde, eröffnete er dort sein erstes eigenes Café, die „Tarterie St. Pauli". 2015 wurde sie als „Bestes Szenerestaurant Hamburgs" ausgezeichnet.

Das Konzept des Lokals hat Fabio immer wieder an sich und seine Kunden angepasst. Seit 2017 ist es ein Menürestaurant und trägt den Namen „Haebel". Menschen reisen aus unterschiedlichsten Städten der Republik nach Hamburg, um dort im "Haebel" zu speisen.

Nebenbei ist Fabio auch Autor zweier grandioser Bücher.

ILKA GROENEWOLD
DIE DISZIPLINIERTE

Wenn ich an Ilka denke, denke ich an Sonnenschein. Disziplinierten Sonnenschein. Was sie im Sport und in ihrer Arbeit als Moderatorin schafft, ist beeindruckend.

Ilkas Karriere begann mit einer Ausbildung zur Musicaldarstellerin 2005. Seitdem ist sie Moderatorin, Sportredakteurin, Laufcoach, Rhetoriktrainerin, Shopbetreiberin, Keynote-Speakerin, asics-Ambassador, war 2011 Hamburgs Eisprinzessin, 2012 Läufer des Jahres und erhielt den Jungunternehmerpreis 2013. Nebenbei macht sie noch ihren Master.

Alles, was sie tut, lebt sie mit großer Begeisterung. Sie gibt immer 150% und reißt vor allem als Fitnesscoach selbst Sportmuffel mit.

OLIVER USCHMANN
DER UNKOMPLIZIERTE

Oliver ist ein sehr herzlicher Mensch, der es unkompliziert mag. So haben wir uns zum Interview an der Ausfahrt A 80 in einem Rasthof getroffen, einem „Nicht-Ort" wie er es nennt.

Oliver hat eine einzigartige humorvolle Art, die auch in seinen Büchern so herrlich durchschimmert oder dir direkt beim Lesen ins Hirn gebrannt wird.

Er kann aber auch ernst. Er hat zum Beispiel gemeinsam mit seiner Frau ein wundervolles Buch über den Tod und wie man mit dem Verlust geliebter Menschen umgehen kann geschrieben.

Oliver liebt seine Katzen so sehr, dass er auch über das Leben mit ihnen ein Buch geschrieben hat. Seine Frau liebt er auch, deshalb schreibt er gern mit ihr gemeinsam.

STEFAN TILK
DER STRATEGE

Stefan erkennt strategische Fenster und weiß sie zu nutzen. Seine steile Karriere ist beeindruckend. Begonnen hat sie nach der Ausbildung zum Bankkaufmann und einem Studium der Wirtschaftswissenschaft mit einer Stelle als Trainee bei der TUI, für die er nur vier Jahre später als Managing Director in Kenia tätig war.

Später war er maßgeblich daran beteiligt, den Relaunch von der damals Fitness Company zur heutigen Fitness First zu initiieren und zu gestalten. Zum Zeitpunkt unseres Interviews ist er Geschäftsleiter bei Hansefit, heute ist er erfolgreich als freier Berater tätig.

Seine Freizeit verbringt er am liebsten mit seiner Frau, seiner Tochter und seinem Hund. Wir beide teilen die Leidenschaft für frischen Pfefferminztee und die philosophische Richtung, die unser Interview nahm, hatte etwas sehr Besonderes.

Besonders ist auch das Buch, das er geschrieben hat: „Courage: Mehr Mut im Management".

ANDREAS KLUGE
DER MÖGLICHMACHER

Das erste, was er mir im Interviewtermin zeigte, waren Bilder von der Streetfood-Festival-Sommerfeier bei Cewe und wie man ganz einfach mit der neuen Cewe App „Pure" ein tolles Fotoalbum in 2 Minuten gestalten und bestellen kann. Andreas lebt für Emotionen im Bild. Er ist Geschäftsführer für Betrieb bei Cewe.

Seine authentische Begeisterung für Cewe und für die Produkte hat mich beeindruckt.

Andreas hat eine angenehme Art und strahlt eine begeisternde Ruhe aus.

Wir teilen die Leidenschaft für die vier Jahreszeiten von Vivaldi und unsere lösungsorientierte Macher-Art.

Mein Mann und ihn vereint, dass sie beide für die Frau kämpfen mussten, die sie wollten und es sich am Ende sehr gelohnt hat.

LAIA GONZALEZ
DIE POWERFRAU

Laia weiß, was sie will. Sie gibt immer alles für ihre Herzensprojekte. Ich erkenne mich in vielen Punkten in ihr wieder.

Laia hat in der Medienstadt Köln Abitur gemacht und anschließend die Filmschule besucht. Sie macht das, was Laien „irgendwas mit Medien" nennen würden. Doch das würde dem, was Laia alles auf die Beine stellt, nicht gerecht. Sie ist Geschäftsführerin der Avalia Studios, welche unterschiedliche Projekte betreuen. Sie hat schon für große Unternehmen wie Audi, Mercedes und Neff Imagefilme gedreht und unterstützt Viva con Agua.

Aktuell hat sie grade ihr eigenes alkoholfreies Craftbeer auf den Markt gebracht. Es heißt Uwe.

EVA KÜNDIG
KÜNSTLERIN AUS LEIDENSCHAFT

Eva lernte ich 2017 in ihrem damaligen Café 20 Quadratmeter kennen.

Was mich zuerst an ihr beeindruckte, war ihre Herzlichkeit, dicht gefolgt von ihren Kochkünsten. Ihre Gnocchi waren der Hammer! Eva kann aber nicht nur unglaublich gut kochen, auch Backen ist eines ihrer riesigen Talente. Ich übertreibe nicht, wenn ich sage: Eva Kündig backt die besten Cookies der Welt.

Ihr Herz schlägt jedoch für die Kunst. So stand sie irgendwann vor der Entscheidung, weiterhin Gastgeberin zu sein oder als Künstlerin durchzustarten. Eva entschied sich für die Kunst und macht heute tolle abgefahrenen Skulpturen. Ihr aktuelles Projekt, das sie selbstverständlich mit Begeisterung verfolgt, beschäftigt sich mit dem Thema Upcycling!

STEFAN STUCKMANN
DER IDEENVERWIRKLICHER

Stefan zeichnet seine freundliche Art und seine Spontanität aus, er hat sich kurz vor meiner Deadline beim Verlag, als Thomas Rogel ihm von meinem Projekt berichtete, spontan entschlossen ebenfalls dabei zu sein.

Den frühen Höhepunkt seiner Karriere hat Stefan bereits 2005 erlebt, als er mit Rudi Carell Aufzug fahren durfte. Als der ihm sagte, „Du siehst aus wie ein Gagschreiber!", hat er trotzdem sofort den Friseur gewechselt. Stefans Vision, für die er jeden Tag arbeitet, ist es, seine Ideen in die Welt zu bringen und zu verwirklichen, dies hat er schon in den unterschiedlichsten Projekten bewiesen.

Er hat früher für Switch Reloaded getextet und die Idee und Drehbuch für alle Folgen der Stromberg-Parodie „Obersalzberg" gehabt und wie wir wissen auch umgesetzt. Für Switch Reloaded erhielt er als Mitglied des Autorenteams, den deutschen Comedypreis. Aber auch bei der „heute show", „Was guckst Du?", „Kesslers Knigge" und unzählig anderen Produktionen hat Stefan seine Worte im Spiel gehabt. Passend zur der Vielfalt seiner Projekte lebt Stefan in der buntesten Stadt Deutschlands, in Berlin. Sein aktuelles Projekt ist die Serie „Eichwald, MdB" für die er, wie in der ersten Staffel Konzept und Drehbuch geschrieben hat und die grade die zweite Staffel dreht. Wir dürfen gespannt sein, welche Idee Stefan als nächste erdenkt und umsetzt.

UNMÖGLICH ODER MÖGLICH - DU MACHST DEN UNTERSCHIED

Du bist auf der Suche, nach dem einen Menschen, der endlich dein Leben verändert?

Schau in den Spiegel!

DU bist der Schlüssel zu deinem Glück, du machst den Unterschied. Im Wort möglich und im Wort unmöglich steckt das Wort „ICH" – das sagt alles. Wenn dir das nächste Mal jemand sagt, etwas sei unmöglich, frage dich zunächst, ob das nicht nur seine/ihre Perspektive ist. Ob es nicht doch möglich wird, wenn du hart dafür arbeitest und wirklich alles dafür gibst.

Kein Geld ist kein Argument, denn Geld kann man beschaffen. Es gibt zig Geschichten von Menschen, die kein Geld hatten und dennoch Großes erreicht haben. Ein bedeutsames Beispiel ist der Bau der Crystal Cathedral. Robert Schuller hatte die Vision eine Kirche aus Glas zu bauen und die 20 Millionen hatte er nicht. Doch er gab nicht auf und es kam ihm die Idee, die Glassteine zu gravieren und für die persönliche Gravur hat er eine Investition von 500 Dollar gefordert. Es ist heute leichter denn je über Wege wie Kickstarter usw. Geld für neue Geschäftsmodelle zu akquirieren.

Keine Zeit ist kein Argument, denn Zeit hast du 24 Stunden jeden Tag. Es ist DEINE Entscheidung, wie du deine Prioritäten setzt.

Kein Wissen ist kein Argument, Wissen kann man sich beschaffen oder sich Menschen suchen, die dieses Wissen bereits haben.

Kein Spiegel? Auch das ist nun keine Ausrede mehr, denn das Buch ist ein Spiegel. ;)

Also was ist es, was dich abhält, endlich eigenSinnig DEINEN Weg zu gehen?

Denke immer daran, DU bist der wichtigste Mensch deines Lebens.

Du kannst andere mit deinem Glück nur anstecken, nicht aber glücklich machen.

Du bist einzigartig und das ist deine Power.

Du hast die Macht über dein Leben, niemand sonst. Du entscheidest, in welche Richtung du willst. Du entscheidest, was richtig und was falsch ist, niemand anderes.

Wenn du es dir vorstellen kannst, wenn du an dich und deine Idee glaubst, ist es möglICH.

Leb dein Leben als BOSS glücklich und eigenSinnig und genieße jede Sekunde!

Es war mir eine Ehre, dich kennenzulernen und ich wünsche dir, dass du Boss deines Lebens wirst und bleibst. Ich freue mich sehr, wenn du deine Erfolge unter dem #bosskonzept oder auf meiner Facebookseite teilst und ich freue mich über jede E-Mail von dir! Ich schreibe dieses Buch, um dich dazu zu inspirieren, die beste Version deiner selbst zu werden, wie soll ich meinen Erfolg messen ohne Feedback?! Eben!

Ich schließe mit einem Zitat von dem von mir sehr geschätzten Udo Lindenberg: „Nimm dir das Leben und lass es nicht mehr los, greifs dir mit beiden Händen, mach´s wieder stark und groß."

DANKSAGUNG

Ich möchte mich bei allen Menschen bedanken, die mir auf meinem Weg wichtige Unterstützer sind. Vor allem aber möchte ich mich bei meinen unbequemen Wegweisern bedanken. Danke, dass ihr mir das Leben oft so schwergemacht habt, um mir zu zeigen, dass es nicht der Weg war, den ich gehen sollte und ich dadurch dann auch irgendwann erkannt habe, dass mein Weg ein anderer ist.

Ich möchte mich bei meinen Klienten bedanken, die mir täglich das Vertrauen schenken, dass ich sie dazu inspiriere ihren Eigen-Sinn zu entdecken, ihr Potenzial zu entfalten und mit voller Kraft zu leben.

Dann möchte ich mich bei meinem wundervollen Ehemann, **Christoph Helmes** bedanken, der mich immer unterstützt, oft inspiriert, an den richtigen Stellen herausfordert und meine Ungeduld beizeiten liebevoll bremst. Durch dich darf ich erfahren, was Liebe bedeutet. Danke!

Dann möchte mich ganz besonders bei meiner lieben Lektorin und Freundin bedanken, **Kathrin Müller-Hartz**. Ohne dich wäre dies Buch nicht das, was es heute ist. Du bist, um es in deinen Worten zu sagen: „Der Wahnsinn in Tüten"!

Dirk Reich: Ohne dich wäre das Design des Buches nicht das, was es jetzt ist. Fantastisch!

Anna-Lena Meiners, Danke für deinen Einsatz. Danke, dass du mir geholfen hast, als ich in meinem Texttunnel steckte und die Worte vor lauter Buchstaben nicht mehr sehen konnte. Großartiges Korrektorat! Danke!

Hendrik Hartz: Auch dir möchte ich danken, dass du mir im Kampf mit Word geholfen hast

Ich möchte mich bei **Carsten Dobschat** bedanken, du hast den Anstoß gegeben, indem du mir den ersten Kontakt zu einem Interviewpartner hergestellt hast und auch danach konnte ich immer auf dich zählen!

Marcel Bewersdorf: Danke für deine Unterstützung!

Matthias Bamberg, auch dir danke ich für deine Unterstützung!

Ich möchte mich bei der **Junge Haie GmbH** bedanken, die mich uneingeschränkt in meinem Projekt unterstützt hat. Besonderer Dank geht dabei an meinen Chef **Joram Höfs:** Danke für dein Engagement ohne dich hätte es keine so coole Onlinevorabbestellung gegeben.

Ich möchte mich beim **DMV** bedanken, ohne einige Veranstaltungen wie z.B. den Marketing Innovation Day oder den dt. Marketingtag, sowie Veranstaltungen der **Jumps**, wären einige Interviews nicht so schnell möglich gewesen.

Ich möchte mich bei jedem einzelnen Mitglied meines Boss-Clans bedanken! Danke, für das Vertrauen, eure Zeit, und eure inspirierenden Worte, die ihr mir geschenkt habt.

Andreas Friesch, Danke, dass du meine Hartnäckigkeit honoriert hast und mich über das Interview hinaus in meinem Projekt unterstützt, unsere Gespräche sind immer sehr inspirierend und ich finde es so schön, dass wir unsere Udomanie und begeisternde Weltsicht miteinander teilen.

Andreas Kluge, Danke für unsere inspirierenden, tollen Gespräche, bei denen man manchmal die Zeit vergisst.

Andreas Ernst, Danke, dafür, dass du mir die Welt von Jung von Matt gezeigt hast und für unser tolles Interview. Danke für dein Engagement darüber hinaus und die Vermittlung an C.M.

Hannes Holzmann, Danke, dass du als erster Interviewpartner an meine Idee geglaubt hast und mir dabei die ganze Zeit blind vertraut hast, das bedeutet mir viel!

Dr. Karl Pall, Danke, dass du ebenfalls meine Hartnäckigkeit honoriert hast, es bedeutet mir viel, dass du im Projekt dabei bist.

Wolfgang Grupp, Danke, dass Sie sich die Zeit genommen haben, mich in meinem Projekt mit sehr inspirierenden Aussagen zu unterstützen. Danke, dass Sie mich nach Burladingen zu Ihrer Unternehmensfamilie eingeladen haben.

Wolfgang Grupp Jun., Danke für die Vermittlung an Ihren Vater, ohne Sie wäre das Interview wohl nicht so schnell zustande gekommen.

Fabio Haebel, Danke für dein Vertrauen! Dein Haebel-Restaurant ist der Hit!

Stefan Tilk, Danke für deine Zeit und deine Unterstützung, es ist immer schön, mit dir über Gott und die Welt zu philosophieren.

Ilka Groenewold, Danke, dass du dabei bist, dein positiver Spirit ist einfach großartig.

Michael Holtschulte, dir möchte ich ganz besonders danken, da du mich dabei unterstützt hast, weitere Interviewpartner zu begeistern und extra einen Cartoon fürs Buch gezeichnet hast. Du und Sabrina seid mir in kürzester Zeit zu Freunden geworden.

Sabrina Didschuneit, auch dir ganz besonderen Dank, du hast nicht nur ein tolles Interview gegeben, sondern kleine Kunstwerke in Form von wunderschönen Bildercollagen beigesteuert. Uns verbindet nicht nur die Liebe zum Meer, sondern viel mehr. Danke für deine Freundschaft.

Ich möchte mich bei **Prof. Dr. Ralf Strauß** bedanken. Das Interview mit dir war großartig und du bist einfach ein toller Mensch.

Christoph Metzelder: Danke! Du bist einfach jemand, den man gernhaben muss. Ich habe großen Respekt vor deinem sozialen Engagement.

Benny Adrion, auch dir ein großes Dankeschön und ich wünsche mir, dass viele meiner Leser Viva con Agua unterstützen. Es ist einfach nur toll, was ihr auf die Beine stellt.

Peter Pohlmann, Sie sind für mich ein Unternehmer mit Herzblut. Vielen Dank für alles!

Hennes Bender, du bist einfach 'ne coole Socke, Danke dir!

Dr. Thomas Vollmoeller, vielen Dank für Ihre Zeit und das tolle Interview, sowie die Einladung ins Headquarter, eines Netzwerkes, das mir unendlich viele tolle Verbindungen zu Menschen ermöglicht hat.

Moses Pelham: Danke Moses, für dein tiefes Vertrauen und deine Worte.

Bodo Janssen: Worte können nicht ausdrücken, was es mir bedeutet, dass du dabei bist. Wenn zwei Seelen sich begegnen, braucht es keine Worte. Danke für Alles!

Thomas Rogel: Mit dir über Visionen zu sprechen, ist einfach großartig. Wir beide teilen definitiv unseren Hang zum (schwarzen) Humor.

Oliver Uschmann: Danke für deine Spontanität und deinen Support!

Werner zu Jeddeloh: Danke für deine Unterstützung, die weit über das Interview hinausging.

Laia Gonzalez: Du bist 'ne Powerfrau. Danke für deine Spontaneität Danke für deine Worte, ich freue mich, wenn wir uns demnächst wieder auf ein „Uwe" treffen.

Stefan Stuckmann: Danke für dein spontanes Last-Last-Minute-Interview! Bis bald in Berlin!

Eva Kündig: Danke für deine Worte und deine grandiosen Cookies!

Ich möchte mich bei einem weiteren Unterstützer bedanken:
Helmut Loerts-Sabin: Du hast mich von Anfang an begleitet und die volle Entwicklung des Projektes mitbekommen. Danke für Alles! Du bist großartig!

Last but not least, danke ich auch **allen Partnern** des Buches, die nicht namentlich im Buch erwähnt werden wollten, mit denen ich aber dennoch einige inspirierende Gespräche hatte. Vielen Dank!

An alle Kritiker: Ich mach mein Ding, egal was ihr sagt! Macht das doch einfach auch. ;) Life is short!

ÜBER DIE AUTORIN

K.-J. Helmes ist erfolgreicher Businesscoach und Autorin und lebt in Hamburg.

Sie hat Handels- und Vertriebsmanagement studiert und umfangreiche Erfahrungen in unterschiedlichen Branchen und Bereichen als Führungskraft gesammelt.

Ihre Klienten sind Geschäftsführer, Führungskräfte, Mitarbeiter in kleineren und größeren Unternehmen, sowie einige Personen des öffentlichen Lebens.

Diese Kombination aus Erfahrung und emotionaler Intelligenz macht ihre Coachings einzigartig. Sie erkennt schnell verdeckte Potenziale und hilft ihren Klienten, diese effizient und nachhaltig zu aktivieren.

Kontaktdaten:
www.kristinhelmes.de | coach@kristinhelmes.de
www.xing.com/profile/KristinJuliane_Helmes
www.facebook.com/KristinHelmes/